EN İYİ TONBA SALATALARI

100 Olağanüstü Ton Balıklı Salata Kreasyonuyla Damak Tadınızı Yükseltin

Nuray Özdemir

Telif Hakkı Malzemesi ©2024

Her hakkı saklıdır

Bu kitabın hiçbir bölümü, incelemede kullanılan kısa alıntılar dışında, yayıncının ve telif hakkı sahibinin uygun yazılı izni olmadan, hiçbir şekilde veya yöntemle kullanılamaz veya aktarılamaz. Bu kitap tıbbi, hukuki veya diğer profesyonel tavsiyelerin yerine geçmemelidir.

İÇİNDEKİLER

İÇİNDEKİLER 3
GİRİİŞ 6
TON BAĞLI SALATA LOKMALAR VE SANDVİÇLER 7
   1. Güneşte Kurutulmuş Domates ve Ton Balığı Salatalı Sandviç 8
   2. Kraker Üzerinde Ton Balıklı Salata 10
   3. Salatalıklı Ton Balıklı Sandviçler 12
   4. Mini Pide Ceplerinde Avokadolu Ton Balıklı Salata 15
   5. Ton Balıklı Salata Marul Sarmaları 17
   6. Dumanlı nohut ton balıklı salata 19
   7. Ton Balıklı Salata Sandviçleri Gibi Lezzetler 21
   8. Ton Balıklı Salata Tekneleri 23
   9. Ton Balıklı ve Zeytin Salatalı Sandviç 25
   10. Ton Balıklı Deniz Kabuğu Salatası 27
TON BALIKLI SALATA KASELERİ 29
   11. Mangolu Ton Balıklı Suşi Kasesi 30
   12. Kaisen (Bir Kase Pirinç Üzerinde Taze Sashimi) 32
   13. Avokadolu Ton Balıklı Suşi Kasesi 34
   14. Baharatlı Ton Balıklı Suşi Kasesi 37
   15. Yapısız Baharatlı Ton Balıklı Suşi Kasesi 39
   16. Kızartılmış Ton Balıklı Suşi Kasesi 41
   17. Baharatlı Ton Balığı ve Turp Suşi Kasesi 43
   18. Ton Balıklı ve Karpuzlu Suşi Kasesi 45
AHI TONBA SALATALARI 47
   19. Ahi Ton Balıklı Salata 48
   20. Limonlu Wasabi Soslu Ahi Ton Balıklı Tataki Salatası 50
   21. Güzel Katmanlı Ton Balıklı Salata 52
MAVİ TONBA SALATASI 54
   22. Kızartılmış Mavi Yüzgeçli Ton Balıklı Salata Niçoise 55
   23. Zeytinli Mavi Yüzgeçli Ton Balığı ve Kişniş Lezzeti 57
   24. Akdeniz Mavi Yüzgeçli Ton Balıklı Salata 59
TON BALIKLI BİFTEK SALATASI 61
   25. Yapısız Nicoise Salatası 62
   26. Ton Balıklı ve Beyaz Fasulye Salatası 64
   27. Izgara Tarhun Ton Balığı Salatası 67
   28. Izgara Ton Balığı Nicoise Salatası 69
   29. Yapraklı Marul ve Izgara Ton Balığı Salatası 71
   30. Kore Usulü Salata ile Biberli Ton Balıklı Biftek 73
   31. Kavrulmuş Taze Ton Balıklı Salata 75
KONSERVE ALBACORE TON BAĞLI SALATALAR 78
   32. Albacore Muzlu Ananas Salatası 79

33. ALBACORE MAKARNA SALATASI 81
34. TON BALIKLI ERİŞTE SALATASI 83
35. CHOW MEIN TON BALIKLI SALATA 85
36. MOSTACCIOLI SALATASI NICOISE 87
37. HALKA ERİŞTE VE YENİBAHARLI TON BALIKLI SALATA 89
38. TON BALIKLI SALATA 91
39. MAKARNA TON BALIKLI SALATA 93
40. ÇIPLAK KAR BEZELYE TON BALIĞI SALATASI 95
41. NEPTÜN SALATASI 97
42. KREMALI BİBER VE DOMATESLİ TON BALIĞI SALATASI 99
43. OLIO DI OLIVA TON BALIKLI SALATA 101
44. TON BALIKLI TORTELLİNİ SALATASI 103
45. UPTOWN TON BALIKLI SALATA 105

DİĞER KONSERVE TON BALIKLI SALATALAR 107

46. GÜNEŞTE KURUTULMUŞ DOMATES VE TON BALIKLI SALATA 108
47. İTALYAN TON BALIKLI SALATA 110
48. ASYA TON BALIKLI SALATA 112
49. ROMA TON BALIĞI SALATASI 114
50. DÜŞÜK KARBONHİDRATLI MEZE TON BALIKLI SALATA 116
51. TON BALIKLI SALATA YEMEĞİ HAZIRLANIŞI 118
52. KİVİ VE TON BALIĞI SALATASI 120
53. MEZE TON BALIKLI SALATA 122
54. ENGİNAR VE OLGUN ZEYTİN TON BALIĞI SALATASI 124
55. HALKA MAKARNA TON BALIĞI SALATASI 126
56. TON BALIKLI AVOKADO SALATASI 128
57. BARSELONA PİRİNÇ TON BALIĞI SALATASI 130
58. PAPYON MAC İLE SOĞUK TON BALIKLI MAKARNA SALATASI 132
59. SIYAH FASULYE TON BALIĞI SALATASI 134
60. KAHVERENGİ PİRİNÇ VE TON BALIKLI SALATA 136
61. NOHUTLU TON BALIKLI SALATA 138
62. TON BALIKLI KIYILMIŞ SALATA 140
63. TON BALIKLI KLASİK SALATA NICOISE 142
64. KUSKUS NOHUT VE TON BALIKLI SALATA 144
65. TON BALIĞI, ANANAS VE MANDALİNA SALATASI 146
66. TAZE TON BALIĞI VE ZEYTİN SALATASI 148
67. TON BALIKLI AVOKADO MANTARLI MANGO SALATASI 150
68. YUNAN PANCARI VE PATATES SALATASI 152
69. YUNAN USULÜ TON BALIKLI SALATA 154
70. HAWAII USULÜ MAKARNA SALATASI 156
71. SAĞLIKLI BROKOLİ TON BALIKLI SALATA 158
72. KARIŞIK FASULYE VE TON BALIKLI SALATA 160
73. İTALYAN MEZE SALATA KASESİ 162
74. JAPON TON BALIĞI HARUSUME SALATASI 164
75. TON BALIKLI VE HAMSİ SALATASI NICOISE 166

76. TON BALIKLI ÖĞLE YEMEĞINDEN KALAN MAC SALATA 168
77. HAŞLANMIŞ YUMURTA VE TON BALIĞI SALATASI 170
78. AKDENIZ TON BALIKLI MEZE SALATASI 172
79. AKDENIZ TON BALIĞI SALATASI 174
80. YÜKLÜ NICOISE SALATASI 176
81. ELMA, KIZILCIK VE YUMURTALI TON BALIĞI SALATASI 178
82. IZGARA TON BALIĞI VE DOMATESLI MAKARNA SALATASI 180
83. ÜÇ OTLU, KAPARI VE TON BALIKLI PENNE SALATASI 182
84. FASULYE, KAHVERENGI PIRINÇ VE TON BALIKLI SALATA 184
85. TON BALIKLI PATATES SALATASI 186
86. ESKI USUL TON BALIĞI SALATASI 188
87. ENGINAR, BEZELYE VE TON BALIKLI RISOTTO PIRINÇ SALATASI 190
88. TATLI N CEVIZLI TON BALIKLI SALATA 192
89. TON BALIKLI MAC SALATASI 194
90. TANGY N TART TON BALIKLI SALATA 196
91. AZ YAĞLI İTALYAN TON BALIKLI SALATA 198
92. TON BALIKLI ISPANAK SALATASI 200
93. TON BALIKLI BIBER MAKARNA SALATASI 202
94. TON BALIKLI ELMA SALATASI 204
95. TON BALIKLI AVOKADO VE 4 FASULYELI MAKARNA SALATASI 206
96. TON BALIKLI ORZO SALATASI 208
97. TON BALIKLI DOMATES VE AVOKADO SALATASI 210
98. ELMALI TON BALIKLI WALDORF SALATASI 212
99. PESTOLU TON BALIKLI NOHUT SALATASI 214
100. ZITI TON BALIKLI SALATA 216

ÇÖZÜM 218

GİRİİŞ

Zevklerinizi yükseltmek ve klasik ton balıklı salatayı yeniden tanımlamak için tasarlanmış 100 olağanüstü kreasyondan oluşan bir derleme olan " EN İYİ TONBA SALATALARI"a hoş geldiniz. Bu yemek kitabı, bu sevilen yemeğin çok yönlülüğünü, lezzetlerini ve yaratıcılığını keşfetmeniz için rehberinizdir. Ton balıklı salatayı sıra dışı ve keyifli bir deneyime dönüştüren, sıradanlığın ötesine geçen bir mutfak yolculuğunda bize katılın.

Ton balıklı salatanın, çok çeşitli malzemeler , dokular ve lezzetlerle mutfak sanatı için bir tuval haline geldiği bir dünya hayal edin. "En İyi Ton Balıklı Salatalar" yalnızca bir tarif koleksiyonu değildir; yüksek kaliteli ton balığını yenilikçi malzemelerle birleştirdiğinizde ortaya çıkan olasılıkların keşfidir . İster ton balıklı salata meraklısı olun, ister bu klasik yemeği yeniden hayal etmek isteyen biri olun, bu tarifler yaratıcılığa ilham vermek ve mutfak isteklerinizi tatmin etmek için hazırlanmıştır.

Lezzetli Akdeniz lezzetlerinden Asya esintili lezzetlere ve doyurucu protein dolu kaselerden canlandırıcı yaz hislerine kadar her tarif, ton balıklı salatanın yeniden keşfedilebileceği çeşitli yolların bir kutlamasıdır. İster hafif bir öğle yemeği, canlı bir akşam yemeği planlıyor olun, ister sadece doyurucu bir atıştırmalık arıyor olun, bu yemek kitabı ton balıklı salatayı yeni boyutlara taşımak için başvurulacak kaynağınızdır.

Her yaratımının mutfağınızda bekleyen sonsuz olasılıkların ve lezzetli kombinasyonların bir kanıtı olduğu ton balıklı salatanın sınırlarını yeniden tanımlarken bize katılın. Öyleyse taze topla malzemeler , yaratıcılığınızı kucaklayın ve "EN İYİ TONBA SALATALARI" ile bir mutfak macerasına atılalım.

TON BAĞLI SALATA LOKMALAR VE SANDVİÇLER

1. Güneşte Kurutulmuş Domates ve Ton Balığı Salatalı Sandviç

İÇİNDEKİLER:

- 2 dilim ekmek
- 1 kutu ton balığı, süzülmüş
- 2 yemek kaşığı doğranmış kurutulmuş domates
- 1 yemek kaşığı mayonez
- 1 çay kaşığı Dijon hardalı
- Tatmak için biber ve tuz

TALİMATLAR:

a) Ton balığı, mayonez, Dijon hardalı, tuz ve karabiberi küçük bir kasede karıştırın.

b) Bir dilim ekmeğin üzerine güneşte kurutulmuş domatesleri ekleyin.

c) Ton balıklı karışımı güneşte kurutulmuş domateslerin üzerine yayın.

ç) İkinci dilim ekmeği üstüne koyun.

2.Kraker Üzerinde Ton Balıklı Salata

İÇİNDEKİLER:
- 7 ons konserve Ton Balığı
- 3 yemek kaşığı Kanola Yağı
- ¼ Bardak Su Kestanesi, Kıyılmış
- 1 1/2 yemek kaşığı kırmızı soğan, ince doğranmış
- 1/2 çay kaşığı limon biberi
- 1/4 çay kaşığı kurutulmuş dereotu otu
- 16 Kraker
- 2 yeşil yapraklı marul yaprağı, yırtılmış
- Süslemek için taze dereotu

TALİMATLAR:

a) Ton balığını bir karıştırma kabına koyun ve istediğiniz büyüklükte parçalar halinde ezin.

b) Mayonez, kestane, soğan, limon biberi ve dereotu otunu ekleyip birleşene kadar karıştırın.

c) Her krakerin üzerine bir parça yırtık marul koyun ve üzerine 1 çorba kaşığı ton balıklı salata ekleyin.

d) İsterseniz bir parça taze dereotu otu ile süsleyin. Sert.

3.Salatalıklı Ton Balıklı Sandviçler

İÇİNDEKİLER:
- 2 uzun İngiliz salatalık
- 1 yemek kaşığı kırmızı şarap sirkesi
- 1/4 sade yoğurt
- 1/4 kıyılmış dereotu
- 1/4 kereviz yaprağı
- 1 yemek kaşığı sızma zeytinyağı
- Kaşer tuzu
- Taze çekilmiş karabiber
- 2 dilimlenmiş soğan
- 2 yemek kaşığı mayonez
- 1 sap dilimlenmiş kereviz sapı
- 1/2 çay kaşığı limon kabuğu rendesi
- 2 beş onsluk hafif ton balığı konservesi, süzülmüş
- 1/2 bardak yonca filizi

TALİMATLAR:

a) Salatalıkları hazırlayın. Bu ton balıklı sandviçte ekmek yerine kullanılacak salatalıkları hazırlamak için iki seçeneğiniz var. Meze sandviçleri yapıyorsanız salatalığı soyup ardından yatay olarak çeyrek inç dilimler halinde dilimlemelisiniz. Bu seçenek size daha fazla sayıda daha küçük ton balıklı sandviç verecektir. Alternatif olarak, alt tarz ton balıklı sandviç yapmak istiyorsanız salatalıkları uzunlamasına ikiye bölebilirsiniz. Daha sonra, ton balığı karışımını koyacağınız küçük tekneler yapmak için tohumları ve etleri çıkarın. Salatalığın tadını daha fazla çekmesi için içini çatalla biraz delin.

b) Salata suyunu karıştırın. Orta boy bir kapta hardalı, sirkeyi, tuzu ve karabiberi çırpın. Daha sonra zeytinyağını yavaş yavaş ekleyerek çırpın. Son olarak salatalığı salatalığın üzerine dökün.

c) Ton balığı dolgusunu yapın. Ton balığını süzerek başlayın. Soğuk suyla iyice durulayın ve ardından bir kenara koyun. Küçük bir kapta mayonez, yoğurt, dereotu, kereviz yaprağı, yeşil soğan, kereviz, limon kabuğu rendesi, çeyrek çay kaşığı tuz ve bir tutam karabiberi çırpın. Ton balığını kaseye atın ve ardından tüm malzemeleri birleştirmek için karıştırın .

d) Sandviçleri bir araya getirin. Meze versiyonunu yapıyorsanız, her salatalık diliminin üzerine bir parça ton balığı karışımı ve ardından birkaç filiz koyun.

e) Daha sonra sevimli küçük bir sandviç için üstüne bir dilim daha ekleyin.

f) Alt tarz ton balıklı sandviç yapıyorsanız, salatalık teknelerini ton balığı karışımıyla doldurun ve ardından filizleri ekleyin. Salatalığın diğer yarısını üstüne ekleyin. Yiyin ve tadını çıkarın!

4. Mini Pide Ceplerinde Avokadolu Ton Balıklı Salata

İÇİNDEKİLER:
- 1 konserve ton balığı, süzülmüş
- 1 olgun avokado, püresi
- ¼ bardak doğranmış kereviz
- ¼ bardak doğranmış kırmızı soğan
- 1 yemek kaşığı limon suyu
- Tatmak için biber ve tuz
- Mini pide cepleri

TALİMATLAR:
a) Bir kasede ton balığı, avokado püresi, doğranmış kereviz, doğranmış kırmızı soğan, limon suyu, tuz ve karabiberi birleştirin.
b) Tüm malzemeler eşit şekilde birleşene kadar iyice karıştırın.
c) Cepler oluşturmak için mini pide ceplerini ikiye bölün.
ç) Avokado ton balıklı salatayı mini pide ceplerine doldurun.
d) Avokado ton balıklı salatayı bir beslenme çantasındaki mini pide ceplerine koyun.

5.Ton Balıklı Salata Marul Sarmaları

İÇİNDEKİLER:
- 2 kutu ton balığı, süzülmüş
- ¼ bardak paleo dostu mayonez
- 2 yemek kaşığı kıyılmış kereviz
- 2 yemek kaşığı doğranmış kırmızı soğan
- 2 çay kaşığı Dijon hardalı
- Tatmak için biber ve tuz
- Büyük marul yaprakları (örneğin buzdağı veya marul)

TALİMATLAR:

a) Bir kasede süzülmüş ton balığı, paleo dostu mayonez, doğranmış kereviz, doğranmış kırmızı soğan ve Dijon hardalını birleştirin.
b) İyice karıştırın ve tadına göre tuz ve karabiber ekleyin.
c) Marul yapraklarını sarma şeklinde dizin.
ç) Her yaprağı ton balıklı salata karışımıyla doldurun.
d) Sarmalarınızı oluşturmak için marul yapraklarını toplayın.

6.Dumanlı nohut ton balıklı salata

İÇİNDEKİLER:
Nohut Ton Balığı:
- 15 oz. konservelenmiş veya başka şekilde pişirilmiş nohut
- 2-3 yemek kaşığı süt içermeyen sade yoğurt veya vegan mayonez
- 2 çay kaşığı Dijon hardalı
- 1/2 çay kaşığı öğütülmüş kimyon
- 1/2 çay kaşığı füme kırmızı biber
- 1 Yemek kaşığı taze limon suyu
- 1 kereviz sapı doğranmış
- 2 adet doğranmış soğan
- Tatmak için deniz tuzu

SANDVİÇ MONTAJI:
- 4 adet çavdar ekmeği veya filizlenmiş buğday ekmeği
- 1 su bardağı bebek ıspanak
- 1 avokado dilimlenmiş veya küp şeklinde
- Tuz + karabiber

TALİMATLAR:
a) Nohutlu ton balıklı salatayı hazırlayın
b) Bir mutfak robotunda nohutları kaba, ufalanan bir dokuya benzeyene kadar çekin. Nohutları orta boy bir kaseye dökün ve aktif bileşenlerin geri kalanını ekleyin , iyice birleşene kadar karıştırın. Bol deniz tuzu ile kendi damak zevkinize göre tatlandırın.
c) Sandviçini yap
ç) Bebek ıspanağını her ekmek diliminin üzerine katlayın; Eşit şekilde yayarak birkaç yığın nohut ton balıklı salata ekleyin. Üstüne avokado dilimleri, birkaç tane deniz tuzu ve yeni çekilmiş biber ekleyin.

7.Ton Balıklı Salata Sandviçleri gibi lezzetler

İÇİNDEKİLER:
- 11/2 bardak pişmiş veya 1 kutu (15,5 ons) nohut, süzülmüş ve durulanmış
- 2 kereviz kaburgası, kıyılmış
- 1/4 bardak kıyılmış soğan
- 1 çay kaşığı kapari, süzülmüş ve doğranmış
- 1 bardak vegan mayonez
- 2 çay kaşığı taze limon suyu
- 1 çay kaşığı Dijon hardalı
- 1 çay kaşığı yosun tozu
- 4 marul yaprağı
- 4 dilim olgun domates
- Tuz ve biber
- Ekmek

TALİMATLAR:
a) Orta boy bir kapta nohutları irice ezin. Kereviz, soğan, kapari, 1/2 bardak mayonez, limon suyu, hardal ve yosun tozunu ekleyin. Tatmak için tuz ve karabiber ekleyin. İyice birleşene kadar karıştırın. Tatların karışmasına izin vermek için en az 30 dakika örtün ve soğutun.

b) Servis etmeye hazır olduğunuzda kalan 1/4 bardak mayonezi ekmek dilimlerinin her birinin bir tarafına yayın. 4 ekmek diliminin üzerine marul ve domatesi dizin ve nohut karışımını aralarına eşit şekilde paylaştırın. Her sandviçin üzerine kalan ekmek dilimini mayonezli tarafı aşağı gelecek şekilde ikiye bölerek ekleyin ve servis yapın.

8.Ton Balıklı Salata Tekneleri

İÇİNDEKİLER:
- 6 adet bütün bebek dereotu turşusu veya 2 adet büyük bütün turşu
- 5 oz. parça beyaz ton balığı
- ¼ bardak mayonez
- ¼ bardak doğranmış kırmızı soğan
- 1 çay kaşığı şeker veya bal

TALİMATLAR:
a) Bütün turşuları uzunlamasına uçtan uca ikiye bölün. Bir kaşık veya soyma bıçağı kullanarak, kalan turşu kabuğuyla bir tekne şekli oluşturmak için turşunun her iki tarafının içini kesin veya kazıyın.

b) Çıkardığınız içleri parçalayıp bir karıştırma kabına koyun. Bir kağıt havlu kullanarak, turşu teknelerinin ve doğranmış iç parçaların fazla suyunu alın.

c) Ton balığını iyice süzün ve kaseye ekleyin. Büyük parçaları doğramak için çatalla bastırın. Mayonez, kırmızı soğan, doğranmış turşu ve şeker veya bal (isteğe bağlı) ekleyin ve ton balıklı salatayı oluşturmak için iyice karıştırın.

ç) Her turşu teknesine kaşıkla ton balıklı salata koyun. Hemen soğutun ve servis yapın veya servis yapın.

9.Ton Balıklı ve Zeytin Salatalı Sandviç

İÇİNDEKİLER:
TON BAĞLI SALATASI İÇİN:
- 1/4 bardak mayonez
- 2 yemek kaşığı taze limon suyu
- Zeytinyağında paketlenmiş, süzülmüş 2 (6 oz) kutu hafif ton balığı
- 1/2 bardak doğranmış süzülmüş şişelenmiş kavrulmuş kırmızı biber
- 10 Kalamata veya diğer salamura kürlenmiş siyah zeytin, çekirdekleri çıkarılmış ve uzunlamasına şeritler halinde kesilmiş
- 1 büyük kereviz kaburgası, doğranmış
- 2 yemek kaşığı ince doğranmış kırmızı soğan
- Pepperoncini biberleri (süzülmüş ve kabaca doğranmış) - isteğe bağlı

SANDVİÇ İÇİN:
- 1 (20 ila 24 inç) baget
- 2 yemek kaşığı zeytinyağı
- Yeşil yapraklı marul (en sevdiğiniz)

TALİMATLAR:
TON BAĞLI SALATASI YAPIN:
a) Mayonez ve limon suyunu geniş bir kapta karıştırın.
b) Kalan salata malzemelerini ekleyin ve yavaşça karıştırın. Tuz ve karabiberle tatlandırın.

SANDVİÇLERİ BİRLEŞTİRİN:
c) Bageti 4 eşit uzunluğa kesin ve her parçayı yatay olarak ikiye bölün.
ç) Kesilen taraflarını yağla yağlayın ve tuz ve karabiberle tatlandırın.
d) Baget, marul ve ton balıklı salatayla sandviç yapın.

10. Ton Balıklı Deniz Kabuğu Salatası

İÇİNDEKİLER:

- 8 ons kabuklu makarna, pişmemiş
- 1 su bardağı rendelenmiş havuç
- 3/4 bardak doğranmış yeşil biber
- 2/3 bardak dilimlenmiş kereviz
- 1/2 su bardağı kıyılmış yeşil soğan
- 1 6 1/8 ons suda ton balığı konservesi, süzülmüş ve pullara ayrılmış
- 1/4 bardak artı 2 yemek kaşığı az yağlı sade yoğurt
- 1/4 bardak azaltılmış kalorili mayonez
- 1/4 çay kaşığı kereviz tohumu
- 1/4 çay kaşığı tuz
- 1/4 çay kaşığı biber
- Kıvırcık yapraklı marul

TALİMATLAR:

a) talimatlarına göre tuz ve yağ eklemeden pişirin; boşaltmak. Soğuk suyla yıkayıp iyice süzün.

b) Makarna, havuç ve sonraki 4 malzemeyi birleştirin; yavaşça fırlat.

c) Yoğurt ve sonraki 4 malzemeyi birleştirin; iyice karıştırın. Yavaşça karıştırarak makarna karışımına ekleyin. Örtün ve iyice soğutun.

ç) Servis yapmak için makarna karışımını marul kaplı salata tabaklarına kaşıklayın.

Ton Balıklı Salata Kaseleri

11. Mangolu Ton Balıklı Suşi Kasesi

İÇİNDEKİLER:
- 60 ml soya sosu (¼ bardak + 2 yemek kaşığı)
- 30 ml bitkisel yağ (2 yemek kaşığı)
- 15 ml susam yağı (1 yemek kaşığı)
- 30 ml bal (2 yemek kaşığı)
- 15 ml Sambal Oelek (1 yemek kaşığı, nota bakın)
- 2 çay kaşığı taze rendelenmiş zencefil (nota bakın)
- 3 adet ince dilimlenmiş taze soğan (beyaz ve yeşil kısımları)
- 454 gram suşi sınıfı ahi ton balığı (1 pound), ¼ veya ½ inçlik parçalar halinde doğranmış
- 2 su bardağı suşi pirinci, paketin talimatlarına göre pişirilmiş (başka herhangi bir pirinç veya tahılla değiştirin)

İSTEĞE BAĞLI TOPİNGLER:
- dilimlenmiş avokado
- Dilimlenmiş salatalık
- olgunlaşmamış soya fasülyesi
- Zencefil turşusu
- Doğranmış mango
- Patates cipsi veya wonton cipsi
- Susam taneleri

TALİMATLAR:
a) Orta boy bir kapta soya sosu, bitkisel yağ, susam yağı, bal, Sambal Oelek, zencefil ve yeşil soğanı birlikte çırpın.

b) Doğranmış ton balığını karışıma ekleyin ve karıştırın. Karışımın buzdolabında en az 15 dakika veya 1 saate kadar marine edilmesine izin verin.

c) Servis yapmak için suşi pirincini kaselere alın, üzerine marine edilmiş ton balığını ekleyin ve istediğiniz malzemeleri ekleyin.

ç) Topakların üzerine gezdirmek için ekstra sos olacak; yanında servis yapın.

12. Kaisen (Bir Kase Pirinç Üzerinde Taze Sashimi)

İÇİNDEKİLER:
- 800 gr (5 su bardağı) terbiyeli suşi pirinci

TOPLAMLAR
- 240 gr (8½ oz) sashimi kalitesinde somon
- 160 gr (5½ oz) sashimi kalitesinde ton balığı
- 100 gr (3½ oz) sashimi kalitesinde levrek
- 100 gr (3½ oz) pişmiş karides (karides)
- 4 kırmızı turp, rendelenmiş
- 4 shiso yaprağı
- 40 gr (1½ oz) somon balığı yumurtası

HİZMET ETMEK
- zencefil turşusu
- wasabi ezmesi
- soya sosu

TALİMATLAR:
a) Somon filetoyu 16 dilime, ton balığı ve levreği ise 12 dilime bölün. Balığın yumuşak olduğundan emin olmak için tahıl boyunca dilimlediğinizden emin olun.

b) Servis yapmak için suşi pirincini dört ayrı kaseye bölün ve pirincin yüzeyini düzleştirin. Üst üste dilimler halinde düzenlenmiş somon, ton balığı, levrek ve karidesleri (karides) ekleyin.

c) Rendelenmiş kırmızı turp, shiso yaprakları ve somon balığı yumurtasıyla süsleyin.

ç) Damak temizleyici olarak zencefil turşusu ve tadına göre wasabi ve soya sosuyla servis yapın.

13. Avokadolu Ton Balıklı Suşi Kasesi

İÇİNDEKİLER:
- 1 avokado, soyulmuş ve çekirdekleri çıkarılmış
- 1 limonun taze sıkılmış suyu
- 800 gr (5 su bardağı) terbiyeli kahverengi suşi pirinci
- 1 arpacık soğan veya kırmızı soğan, ince doğranmış ve suya batırılmış
- bir avuç karışık salata yaprağı
- 2 yemek kaşığı arpacık soğanı cipsi (isteğe bağlı)

TUNA
- 1 yemek kaşığı rendelenmiş sarımsak
- 1 yemek kaşığı rendelenmiş zencefil
- 2 yemek kaşığı bitkisel yağ
- 500 g (1 lb 2 oz) sashimi kalitesinde ton balığı bifteği, deniz tuzu ve taze çekilmiş karabiber

PANSUMAN
- 4 yemek kaşığı pirinç sirkesi
- 4 yemek kaşığı hafif soya sosu
- 4 yemek kaşığı mirin
- 4 çay kaşığı kızarmış susam yağı
- 1 limonun taze sıkılmış suyu
- 1 çay kaşığı şeker
- bir tutam tuz

TALİMATLAR:

a) Ton balığını hazırlamak için küçük bir kapta sarımsak, zencefil ve yağı karıştırın. Bunu her ton balığı bifteğinin her iki tarafına sürün, ardından tuz ve karabiberle tatlandırın.

b) Izgara tavasını ısıtın ve ton balığı bifteğinin her iki tarafını da 1 dakika kadar az pişmiş olarak kızartın.

c) Ton balığını soğumaya bırakın ve ardından 2 cm'lik (¾ inç) küpler halinde kesin.

ç) Pansumanı hazırlamak için tüm malzemeleri birleştirin.

d) Avokadoyu büyük küpler halinde kesin ve etinin kahverengileşmesini önlemek için üzerine limon suyunu sıkın.

e) Kahverengi suşi pirincini kaselere yerleştirin ve üzerine ton balığı küpleri, avokado, arpacık soğanı veya kırmızı soğan ve karışık yaprakları ekleyin. Servis yapmadan hemen önce sosu üstüne dökün. Ekstra çıtırlık için, kullanılıyorsa, üzerine arpacık soğanı ekleyin.

14. Baharatlı Ton Balıklı Suşi Kasesi

İÇİNDEKİLER:

TON BALIĞI İÇİN:
- 1/2 pound suşi dereceli ton balığı, 1/2-inç küpler halinde kesilmiş
- 1/4 bardak dilimlenmiş yeşil soğan
- 2 yemek kaşığı azaltılmış sodyum soya sosu veya glutensiz tamari
- 1 çay kaşığı susam yağı
- 1/2 çay kaşığı sriracha

BAHARATLI MAYO İÇİN:
- 2 yemek kaşığı hafif mayonez
- 2 çay kaşığı sriracha sosu

KASE İÇİN:
- 1 bardak pişmiş kısa taneli Geleneksel Suşi pirinci veya suşi beyaz pirinci
- 1 bardak salatalık, soyulmuş ve 1/2-inç küpler halinde doğranmış
- 1/2 orta boy Hass avokado (3 ons), dilimlenmiş
- Garnitür için dilimlenmiş 2 yeşil soğan
- 1 çay kaşığı siyah susam
- Servis için azaltılmış sodyum soya veya glutensiz tamari (isteğe bağlı)
- Servis için Sriracha (isteğe bağlı)

TALİMATLAR:

a) Küçük bir kapta mayonez ve srirachayı birleştirin, biraz suyla incelterek üzerine gezdirin.

b) Orta boy bir kapta ton balığını yeşil soğan, soya sosu, susam yağı ve sriracha ile birleştirin. Kaseleri hazırlarken yavaşça karıştırın ve bir kenara koyun.

c) İki kaseye pirincin yarısını, ton balığının, avokadonun, salatalığın ve yeşil soğanın yarısını katlayın.

ç) Baharatlı mayonezi gezdirin ve susam serpin. İstenirse yanında ekstra soya sosu ile servis yapın.

d) Bu nefis Baharatlı Ton Balıklı Suşi Kasesinin cesur ve baharatlı lezzetlerinin tadını çıkarın!

15.Yapısız Baharatlı Ton Balıklı Suşi Kasesi

İÇİNDEKİLER:

- 1 bardak suşi pirinci, pişmiş
- 1/2 bardak baharatlı ton balığı, doğranmış
- 1/4 bardak edamame fasulyesi, buğulanmış
- 1/4 bardak turp, ince dilimlenmiş
- Çiseleyen yağmurlama için Sriracha mayonez
- Garnitür için avokado dilimleri
- Üzeri için susam tohumları

TALİMATLAR:

a) Pişmiş suşi pirincini bir kaseye yayın.
b) Üzerine doğranmış baharatlı ton balığı, buharda pişirilmiş edamame fasulyesi ve dilimlenmiş turpları yerleştirin.
c) Kasenin üzerinde Sriracha mayonezini gezdirin.
ç) Avokado dilimleri ile süsleyin ve susam serpin.
d) Yeniden yapılandırılmış baharatlı ton balıklı suşi kasesinin tadını çıkarın!

16. Kızartılmış Ton Balıklı Suşi Kasesi

İÇİNDEKİLER:
KASE İÇİN
- 1 kiloluk Dayanılmazlar kurutulmuş ton balığı ve Tataki
- Suşi pirinci

MARİNA İÇİN
- ¼ bardak tatlı soğan, ince dilimlenmiş
- 1 yeşil soğan, ince dilimlenmiş (yaklaşık ¼ bardak) artı garnitür için daha fazlası
- 2 diş sarımsak, kıyılmış
- 2 çay kaşığı siyah susam, kızartılmış artı garnitür için daha fazlası
- 2 çay kaşığı kaju fıstığı (kavrulmuş ve tuzsuz), doğranmış ve kızartılmış
- 1 kırmızı biber doğranmış ve garnitür için daha fazlası
- 3 yemek kaşığı soya sosu
- 2 yemek kaşığı susam yağı
- 2 çay kaşığı pirinç sirkesi
- 1 çay kaşığı limon suyu
- 1 yemek kaşığı sriracha artı servis için daha fazlası
- ¼ çay kaşığı deniz tuzu
- ½ çay kaşığı kırmızı biber gevreği (isteğe bağlı)

EKSTRA GARNİTÜR SEÇENEKLERİ
- Dilimlenmiş salatalık
- Dilimlenmiş turp
- dilimlenmiş lahana
- Deniz yosunu gevreği
- Doğranmış avokado
- olgunlaşmamış soya fasülyesi

TALİMATLAR:
a) Marine edilmiş tüm malzemeleri büyük bir kapta birleştirin ve kızartılmış ton balığı dilimlerini ekleyin ve hafifçe karıştırın.
b) Örtün ve 10-30 dakika buzdolabında saklayın.
c) Buzdolabından çıkarın ve istediğiniz garnitürlerle ve yanında biraz acı sos/sriracha ile birlikte beyaz pirinç yatağının üzerinde servis yapın.

17.Baharatlı Ton Balığı ve Turp Suşi Kasesi

İÇİNDEKİLER:

- 1 lb suşi sınıfı ton balığı, doğranmış
- 2 yemek kaşığı gochujang (Kore kırmızı biber salçası)
- 1 yemek kaşığı soya sosu
- 1 yemek kaşığı susam yağı
- 1 çay kaşığı pirinç sirkesi
- 1 bardak daikon turpu, jülyen doğranmış
- 1 su bardağı dilimlenmiş bezelye
- 2 bardak Geleneksel Suşi pirinci, pişmiş
- Garnitür için yeşil soğan

TALİMATLAR:

a) Baharatlı sos yapmak için gochujang, soya sosu, susam yağı ve pirinç sirkesini karıştırın.
b) Doğranmış ton balığını baharatlı sosa atın ve 30 dakika buzdolabında bekletin.
c) Taban olarak Geleneksel Suşi pirincini içeren kaseleri birleştirin.
ç) Üstüne marine edilmiş ton balığı, jülyen doğranmış daikon turpu ve dilimlenmiş bezelye ekleyin.
d) Doğranmış yeşil soğanlarla süsleyip servis yapın.

18. Ton Balıklı ve Karpuzlu Suşi Kasesi

İÇİNDEKİLER:

- 1 lb suşi dereceli ton balığı, küp şeklinde
- 1/4 bardak hindistan cevizi aminoları (veya soya sosu)
- 2 yemek kaşığı limon suyu
- 1 yemek kaşığı susam yağı
- 2 su bardağı karpuz, doğranmış
- 1 bardak salatalık, dilimlenmiş
- 2 bardak Geleneksel Suşi pirinci, pişmiş
- Garnitür için nane yaprakları

TALİMATLAR:

a) Marine için hindistancevizi aminolarını, limon suyunu ve susam yağını birlikte çırpın.
b) Ton balığını marineye atın ve 30 dakika buzdolabında bekletin.
c) Taban olarak pişmiş Geleneksel Suşi pirinci içeren kaseler oluşturun.
ç) Üstüne marine edilmiş ton balığı, doğranmış karpuz ve dilimlenmiş salatalık ekleyin.
d) Taze nane yapraklarıyla süsleyip servis yapın.

AHI TONBA SALATALARI

19.Ahi Ton Balıklı Salata

İÇİNDEKİLER:
- 1 ahi ton balığı bifteği, 6 ons
- 2 çay kaşığı beş baharat tozu
- 1 çay kaşığı ızgara baharatı veya tuz ve iri taneli biber
- Pişirme spreyi veya bitkisel yağ
- 5 ons karışık önceden yıkanmış bebek salatası yeşillikleri
- 2 turp, dilimlenmiş
- 1/4 Avrupa salatalık, ince dilimlenmiş
- 1/2 çay kaşığı wasabi ezmesi
- 1 yemek kaşığı pirinç sirkesi
- 1 yemek kaşığı soya sosu
- 3 yemek kaşığı sızma zeytinyağı
- Tuz ve taze çekilmiş karabiber

TALİMATLAR:
a) Ton balığı bifteğini beş baharat tozu ve ızgara baharatıyla kaplayın.
b) Ton balığının her iki tarafını da 2'şer dakika kızartın.
c) Yeşillikleri, turpları ve salatalığı bir kasede birleştirin.
ç) Wasabi, sirke ve soya sosunu daha küçük bir kapta çırpın; Sosu hazırlamak için yağ ekleyin.
d) Salatanın üzerine sosu gezdirin ve kaplayın.
e) Ton balığını dilimleyip salatanın üzerine dizin.

20. Limonlu Wasabi Soslu Ahi Ton Balıklı Tataki Salatası

İÇİNDEKİLER:
LİMON WASABİ SOSU:
- 1 küçük arpacık soğanı, soyulmuş ve dilimlenmiş
- 1-2 çay kaşığı hazırlanmış wasabi
- 2 yemek kaşığı soya sosu
- 2 yemek kaşığı taze limon suyu
- 1 yemek kaşığı mirin
- 2 yemek kaşığı pirinç sirkesi
- 1 çay kaşığı yuzu suyu
- Tadına göre toz şeker
- 4 yemek kaşığı kanola yağı

TUNA:
- 12 ons taze ahi ton balığı, sashimi kalitesi
- 2 çay kaşığı ichimi togarashi (veya ezilmiş kırmızı biber gevreği)
- 1/2 çay kaşığı pembe Himalaya tuzu
- 1 yemek kaşığı kanola yağı
- Garnitür için 1/2 bardak daikon turp filizi

SALATA:
- 4 su bardağı karışık bebek Asya yeşillikleri
- 1 bardak dondurulmuş kabuklu edamame, çözülmüş
- 2 yemek kaşığı jülyen doğranmış zencefil turşusu
- 1/2 salatalık, soyulmuş, ince çubuklara kesilmiş
- 1 küçük yadigarı domates, küçük dilimler halinde kesilmiş

TALİMATLAR:
a) Tüm sos malzemelerini blendera ekleyin ve pürüzsüz hale gelinceye kadar karıştırın.
b) Ton balığı porsiyonlarını togarashi ve tuzla baharatlayın. Ton balığını kanola yağında kızartın ve eşit dilimler halinde kesin.
c) Yeşillikleri bir karıştırma kabına koyun ve sosla hafifçe baharatlayın.
ç) Salatayı servis tabaklarına paylaştırın, üstüne zencefil turşusu, edamame, salatalık ve domates ekleyin.
d) Ton balığı dilimlerini etrafına yerleştirin ve üzerine daha fazla sos gezdirin. Ton balığını daikon filizleriyle süsleyin.

21. Güzel Katmanlı Ton Balıklı Salata

İÇİNDEKİLER:
- 2 saat soğutma süresi
- 1-1/2 lb taze ahi ton balığı filetosu, 1 inç kalınlığında kesilmiş
- 1 yemek kaşığı sızma zeytinyağı
- 1-1/4 lb küçük yeni Yukon Gold patates, ince dilimlenmiş
- 6 kulak taze tatlı mısır
- 1 su bardağı doğranmış taze kişniş
- 12 yeşil soğan, dilimlenmiş
- 1 jalapeno biber, çekirdeği çıkarılmış ve dilimlenmiş
- Kireç Sosu
- 1 orta boy kırmızı tatlı biber, doğranmış
- Biber tozu
- Kireç dilimleri (isteğe bağlı)

KİREÇ SONUCU:
- 1/3 su bardağı taze limon suyu
- 1/3 su bardağı sızma zeytinyağı
- 1 çay kaşığı şeker
- 1/2 çay kaşığı tuz

TALİMATLAR:

a) Ton balığını zeytinyağıyla fırçalayın, üzerine tuz ve karabiber serpin ve pişene kadar ızgarada pişirin.

b) Patates dilimlerini yumuşayana kadar pişirin. Mısırı koçandan kesin.

c) Küçük bir kapta kişniş, yeşil soğan ve jalapeno'yu birleştirin; örtün ve soğutun.

ç) Limon suyunu, zeytinyağını, şekeri ve tuzu çırparak Limon Sosunu hazırlayın.

d) Ton balığını parçalara ayırın ve bir fırın tepsisine eşit şekilde yerleştirin. Kireç Sosu ile gezdirin.

e) Patatesleri, mısırı ve kalan sosu ekleyin. Tuz ve karabiber serpin.

f) Kapağını kapatıp 2-3 saat soğutun.

MAVİ TONBA SALATASI

22. Kızartılmış Mavi Yüzgeçli Ton Balıklı Salata Niçoise

İÇİNDEKİLER:
SALATA
- 225 gr küçük kırmızı patates
- 4 büyük yumurta
- Büyük avuç karışık marul
- 400g Dinko Güney Mavi Yüzgeçli Ton Balığı
- 200 gr kiraz domates
- ½ su bardağı niçoise zeytini
- Tuz ve biber

PANSUMAN
- 1/3 su bardağı zeytinyağı
- 1/3 su bardağı kırmızı şarap sirkesi
- 1 yemek kaşığı Dijon hardalı

TALİMATLAR:
a) Zeytinyağı, kırmızı şarap sirkesi ve Dijon hardalını bir cam kavanoza koyup çalkalayın.
b) Yumurtaları büyük bir tencereye koyun ve üzerini suyla örtün. Su kaynayınca ocağı kapatın ve 10-15 dakika bekletin. Tenceredeki suyu süzdükten sonra soğuk suyla doldurup bekletin.
c) Patatesleri soyup dörde bölün, tencereye koyun ve üzerini suyla örtün. Kaynatın, ardından ısıyı azaltın ve 12 dakika pişirin.
ç) 4 Büyük bir dökme demir tavayı orta-yüksek ateşte ısıtın, ardından tavayı hafifçe pişirme spreyi ile kaplayın.
d) Dinko Güney Mavi Yüzgeçli Ton Balığı bifteklerini tuz ve karabiberle kaplayın, ardından ton balığını tavaya koyun. Ton balığının her iki tarafını da 2'şer dakika kızartın. Bir kenara koyun ve soğumaya bırakın.
e) Yumurtaları sudan çıkarın; soyun ve uzunlamasına ikiye bölün.
f) Ton balığı bifteklerini tahıl boyunca ince dilimleyin.
g) Büyük bir kapta domates, zeytin, karışık marul ve patatesleri birleştirin. Yavaşça karıştırın.
ğ) Salata karışımını dört tabağa bölün; üzerine ton balığı dilimleri ve yumurta ekleyin.
h) Üzerini pansumanla süsleyip servis yapın.

23.Zeytinli Mavi Yüzgeçli Ton Balığı ve Kişniş Lezzeti

İÇİNDEKİLER:

- 1 lb mavi yüzgeçli ton balığı bifteği
- 3 Kirby salatalık
- 1/2 bardak çekirdeksiz karışık zeytin, 1/4 inçlik zarlara kesilmiş
- 1/4 bardak paketlenmiş taze kişniş yaprağı
- 2 yemek kaşığı taze limon suyu ve servis için limon dilimleri
- 1/4 bardak artı 2 yemek kaşığı sızma zeytinyağı
- Kaba tuz ve taze çekilmiş karabiber
- 2 yemek kaşığı tuzsuz tereyağı

TALİMATLAR:

a) Salatalıkları uzunlamasına ikiye bölün, çekirdeklerini çıkarın ve atın, ardından salatalıkları 1/4 inçlik zarlar halinde kesin.

b) Küçük bir kapta salatalık, zeytin, kişniş, limon suyu ve 1/4 su bardağı yağı birleştirin; tuz ve karabiber ile tatlandırın. Bir kenara koyun.

c) Ton balığı bifteğini tuz ve karabiberle tatlandırın. Büyük, ağır bir tavayı (tercihen dökme demir) yüksek ateşte ısıtın. 2 yemek kaşığı yağ ekleyin; parlamaya başladığında ton balığı bifteğini ekleyin. 1 dakika kızartın, sonra çevirin ve 30 saniye daha pişirin.

ç) 2 yemek kaşığı tereyağını ekleyip eritin ve 1 dakika daha pişirin. Not: Ton balığımızı az pişmiş seviyoruz, eğer daha orta pişmiş tercih ederseniz pişirme sürenizi birkaç dakika artırmaktan çekinmeyin.

d) Keskin bir bıçak kullanarak ton balığı bifteğini meyil boyunca kesin ve üstüne zeytin tadıyla servis yapın.

24.Akdeniz Mavi Yüzgeçli Ton Balıklı Salata

İÇİNDEKİLER:
- 1 lb taze mavi yüzgeçli orkinos, suşi sınıfı
- 4 su bardağı karışık salata yeşillikleri (roka, ıspanak ve/veya su teresi)
- 1 su bardağı kiraz domates, ikiye bölünmüş
- 1/2 salatalık, dilimlenmiş
- 1/4 kırmızı soğan, ince dilimlenmiş
- 1/4 bardak Kalamata zeytini, çekirdekleri çıkarılmış
- 2 yemek kaşığı kapari
- 1/4 bardak beyaz peynir, ufalanmış
- 3 yemek kaşığı sızma zeytinyağı
- 2 yemek kaşığı kırmızı şarap sirkesi
- 1 çay kaşığı Dijon hardalı
- Tatmak için tuz ve karabiber

TALİMATLAR:
a) Mavi yüzgeçli orkinosları ısırık büyüklüğünde küpler halinde kesin.
b) Ton balığını tuz ve karabiberle tatlandırın.
c) Bir tavayı veya ızgara tavasını yüksek ateşte ısıtın.
ç) Ton balığı küplerinin her iki tarafını da ortası az pişmiş olacak şekilde 1-2 dakika kızartın.
d) Ateşten alın ve dilimlemeden önce birkaç dakika dinlendirin.
e) Büyük bir kapta yeşillikleri, kiraz domatesleri, salatalıkları, kırmızı soğanı, zeytinleri ve kaparileri birleştirin.
f) Küçük bir kapta zeytinyağını, kırmızı şarap sirkesini, Dijon hardalını, tuzu ve karabiberi birlikte çırpın.
g) Dilimlenmiş ton balığını salataya ekleyin.
ğ) Sosu salatanın üzerine gezdirin ve yavaşça karıştırarak birleştirin.
h) Üzerine ufalanmış beyaz peyniri serpin.
ı) Derhal servis yapın.

Ton balıklı biftek salatası

25.Yapısız Nicoise Salatası

İÇİNDEKİLER:
- Ton balığı bifteği - kişi başı bir adet, zeytinyağı, tuz ve karabiberle barbeküde kızartılmış
- Kişi başı 2 yeni patates
- Kişi başı 5-8 fasulye
- Kişi başı 10 zeytin
- Kişi başı 1 adet rafadan yumurta
- Hamsi mayonezi

TALİMATLAR:
a) Patatesleri haşlayın ve dilimler halinde kesin.
b) Yumuşak haşlanmış yumurtaları soyun.
c) Fasulyeleri haşlayın.
ç) Ton balığı bifteklerini barbekü yapın.
d) Üstüne ton balığı bifteği koyarak bitirin.
e) Hamsi mayonezini gezdirin.

26. Ton Balıklı ve Beyaz Fasulye Salatası

İÇİNDEKİLER:

- 2 (15 ons) kutu cannellini veya büyük kuzey fasulyesi, durulanmış ve süzülmüş
- 3 büyük Roma domatesi, çekirdekleri çıkarılmış ve doğranmış (yaklaşık 1 1/2 bardak)
- 1/2 bardak kıyılmış rezene, yapraklı üst kısımları ayırın
- 1/3 su bardağı doğranmış kırmızı soğan
- 1/3 bardak turuncu veya kırmızı dolmalık biber
- 1 yemek kaşığı kıyılmış rezene yaprağı üstleri
- 1/4 bardak sızma zeytinyağı (EVOO)
- 3 yemek kaşığı beyaz şarap sirkesi
- 2 yemek kaşığı limon suyu
- 1/4 çay kaşığı tuz
- 1/4 çay kaşığı biber
- 1 (6 ons) ton balığı bifteği, 1 inç kalınlığında kesilmiş
- Tuz
- Öğütülmüş karabiber
- 1 yemek kaşığı EVOO
- 2 su bardağı yırtılmış karışık salata yeşillikleri
- Yapraklı rezene üstleri

TALİMATLAR:

Salata için:
a) Büyük bir kapta fasulyeleri, domatesleri, doğranmış rezeneyi, kırmızı soğanı, tatlı biberi ve doğranmış rezene üstlerini birleştirin; bir kenara koyun.
b) Salata sosu için:
c) Vidalı kapaklı bir kavanozda 1/4 bardak EVOO, sirke, limon suyu, 1/4 çay kaşığı tuz ve karabiberi birleştirin. Örtün ve iyice çalkalayın.
ç) Sosu fasulye karışımının üzerine dökün; yavaşça kaplamaya fırlatın. 30 dakika oda sıcaklığında bekletin.
Ton balığı için:
d) Ton balığını taze kullanıyorsanız tuz ve karabiber serpin; 1 çorba kaşığı EVOO'yu orta-yüksek ateşte ısıtın.

e) Ton balığını ekleyin ve 8 ila 12 dakika kadar veya balıklar çatalla kolayca pul pul dökülene kadar, bir kez çevirerek pişirin. Ton balığını parçalara ayırın.
f) Fasulye karışımına ton balığı ekleyin; birleştirmek için fırlatın.
g) Hizmet etmek:
ğ) Servis tabağına yeşillikleri dizin, fasulye karışımını yeşilliklerin üzerine dökün.
h) İstenirse ilave rezene üstleri ile süsleyin.

27.Izgara Tarhun Ton Balığı Salatası

İÇİNDEKİLER:
- 1/2 bardak hafif salata sosu veya İtalyan salata sosu
- 1 çay kaşığı. taze kıyılmış tarhun
- 4 (her biri 6 ons) taze ton balığı bifteği, 1/2 inç ila 3/4 inç kalınlığında kesilmiş
- 8 bardak (8 oz.) salata yeşillikleri
- 1 bardak domates (gözyaşı, üzüm veya kiraz)
- 1/2 bardak sarı dolmalık biber şeritleri
- 1-3/4 bardak (7 oz.) Kıyılmış Mozzarella ve Asiago peyniri, kavrulmuş sarımsaklı, bölünmüş

TALİMATLAR:
a) Salata sosu ve tarhunu birleştirin. Ton balığı bifteğinin üzerine 2 yemek kaşığı sos dökün.

b) Ton balığını orta-yüksek kömür üzerinde her tarafı 2 dakika veya dışı kızarana, ancak ortası hala çok pembe olana kadar ızgara yapın. Tokluğu önlemek için aşırı pişirmekten kaçının.

c) Salata yeşilliklerini, domatesleri, dolmalık biber şeritlerini ve 1 bardak peyniri geniş bir kapta birleştirin.

ç) Kalan pansuman karışımını ekleyin; iyi fırlat.

d) Servis tabaklarına aktarın, üzerine ton balığı koyun ve kalan peyniri serpin. Biberle servis yapın.

28.Izgara Ton Balığı Nicoise Salatası

İÇİNDEKİLER:

- 2 yemek kaşığı şampanya sirkesi
- 1 yemek kaşığı kıyılmış tarhun
- 1 çay kaşığı Dijon hardalı
- 1 küçük arpacık soğanı, ince doğranmış
- 1/2 çay kaşığı ince deniz tuzu
- 1/4 çay kaşığı öğütülmüş karabiber
- 1/4 su bardağı zeytinyağı
- 1 (1 pound) taze veya dondurulmuş ve çözülmüş ton balığı bifteği
- Zeytinyağı pişirme spreyi
- 1 1/2 pound küçük yeni patates, yumuşayana kadar kaynatılıp soğutulur
- 1/2 pound yeşil fasulye, kesilmiş, yumuşayana kadar kaynatılmış ve soğutulmuş
- 1 su bardağı ikiye bölünmüş kiraz domates
- 1/2 su bardağı çekirdeği çıkarılmış Nicoise zeytini
- 1/2 bardak ince dilimlenmiş kırmızı soğan
- 1 adet haşlanmış yumurta, soyulmuş ve dilimler halinde kesilmiş (isteğe bağlı)

TALİMATLAR:

a) Sirke, tarhun, Dijon, arpacık soğanı, tuz ve karabiberi birlikte çırpın. Salata sosu yapmak için zeytinyağını yavaşça çırpın.

b) Ton balığı bifteğinin üzerine 2 yemek kaşığı sos gezdirin, üzerini örtün ve 30 dakika soğutun.

c) Izgaraya pişirme spreyi sıkın ve orta ateşte önceden ısıtın. Ton balığını istenilen donanımda pişene kadar ızgarada pişirin (her iki tarafı da 5 ila 7 dakika).

ç) Ton balığını büyük parçalara ayırın. Ton balığı, patates, yeşil fasulye, domates, zeytin, soğan ve yumurtayı geniş bir tabağa dizin. Yanında kalan sosla servis yapın.

29. Yapraklı Marul ve Izgara Ton Balığı Salatası

İÇİNDEKİLER:
KİREÇ SİRASI:
- 6 yemek kaşığı limon suyu
- 1,5 yemek kaşığı beyaz şarap sirkesi
- 3 yemek kaşığı zeytinyağı
- 2 yemek kaşığı sodyumu azaltılmış soya sosu
- Tuz ve taze çekilmiş karabiber

TUNA:
- 4 ton balığı bifteği (her biri 4 ila 5 oz)
- Yapışmaz pişirme spreyi

YEŞİL SALATA:
- 8 su bardağı karışık Bibb ve marul
- 6 adet büyük düğme mantar (dilimlenmiş)
- 1/4 bardak dilimlenmiş yeşil soğan
- 1 büyük domates (kabuklu)
- 1 kutu siyah fasulye (durulanmış ve süzülmüş, soğuk)

TALİMATLAR:
a) Limon suyu, sirke, zeytinyağı, soya sosu, tuz ve karabiberi çırparak soya limonu salatasını hazırlayın.

b) Izgara ızgarasına yapışmaz pişirme spreyi sıkın ve orta-yüksek sıcaklıkta önceden ısıtın. Ton balığını tuz ve karabiberle tatlandırın.

c) Ton balığını her tarafı 4-5 dakika ızgarada pişirin. Ton balığını şeritler halinde dilimleyin.

ç) Bir kasede ton balığı, mantar, yeşil soğan ve diğer sebzeleri sosun yarısıyla birleştirin.

d) Ayrı bir salata kasesine marulları kalan sosla birlikte atın. Ton balığı ve sebze karışımını üstüne yerleştirin.

e) İsteğe bağlı: Üstüne doğranmış kişniş serpin. Bu salata, Kara Gözlü Bezelye'nin buna benzer bir şekilde servis edilmesine benzer.

30. Kore Usulü Salata ile Biberli Ton Balıklı Biftek

İÇİNDEKİLER:
KORE TARZI SALATA:
- 1/2 bardak kıyılmış napa lahana
- 1/4 su bardağı taze fasulye filizi
- 1 salatalık, soyulmuş, çekirdeği çıkarılmış ve ince dilimlenmiş
- 1/4 bardak soya sosu
- 1/4 bardak pirinç sirkesi
- 1 yemek kaşığı kıyılmış zencefil
- 1 yemek kaşığı kıyılmış sarımsak
- 1 adet dilediğiniz taze biber, kıyılmış
- 2 yemek kaşığı toz şeker
- 2 yemek kaşığı kabaca doğranmış taze fesleğen
- Tatmak için biber ve tuz

TUNA:
- 4 adet taze ton balığı bifteği
- 1/4 su bardağı iri öğütülmüş karabiber
- 1/2 çay kaşığı koşer tuzu

TALİMATLAR:
a) Orta boy bir kapta lahanayı, fasulye filizini ve salatalığı birleştirin.

b) Soya sosu, sirke, zencefil, sarımsak, kırmızı biber, şeker, fesleğen, tuz ve karabiberi birleştirin. Birlikte iyice çırpın, ardından lahana karışımına nemlendirmeye yetecek kadar ekleyin. İyice atın, örtün ve soğutun.

c) Broileri yükseğe kadar önceden ısıtın. Ton balığının her yerini öğütülmüş karabiberle ovalayın ve üzerine tuz serpin.

ç) Hafifçe yağlanmış bir piliç tavasına yerleştirin ve her tarafı yaklaşık 6 dakika olmak üzere istediğiniz kıvamda pişene kadar kızartın.

d) Salatayı 4 tabağa paylaştırın, ardından her birinin üstüne ton balığı bifteği koyun ve hemen servis yapın.

31.Kavrulmuş Taze Ton Balıklı Salata

İÇİNDEKİLER:
- 3/4 kiloluk bebek veya kremalı kırmızı patates
- 1/2 kiloluk taze yeşil fasulye
- 2 yemek kaşığı Dijon hardalı
- 3 yemek kaşığı kırmızı şarap sirkesi
- 1 yemek kaşığı beyaz yaban turpu
- 2 yemek kaşığı tavuk suyu
- 3/4 pound taze ton balığı bifteği, 1 inç kalınlığında
- 2 yemek kaşığı susam
- 1 yemek kaşığı zeytinyağı
- 8 ons taze bebek yeşillikleri
- 1 olgun domates, 2" küp şeklinde kesilmiş
- 1/2 Fransız bageti
- 1/2 çay kaşığı tuz
- 1/2 çay kaşığı taze çekilmiş karabiber

TALİMATLAR:

a) Fırını 350 dereceye kadar ısıtın.
b) Patatesleri yıkayın ve 1 inçlik küpler halinde kesin.
c) Fasulyeleri yıkayıp kesin ve 2 inçlik parçalar halinde kesin.
ç) Patatesleri 3 inçlik suyun üzerinde bir buharlı pişiriciye yerleştirin, ardından tencerenin kapağını kapatın ve suyu kaynatın.
d) 5 dakika buharda pişirin, ardından fasulyeleri ekleyin ve 5 dakika daha buharda pişirmeye devam edin.
e) Hardal ve sirkeyi geniş bir kapta pürüzsüz hale gelinceye kadar karıştırın. Yaban turpu ve et suyunu ekleyin, ardından bir çatalla pürüzsüz bir kıvama gelinceye kadar karıştırın.
f) Tuz ve karabiberi ekleyin, pişince patatesleri ve fasulyeleri ekleyip iyice karıştırın.
g) Ton balığını yıkayın ve kağıt havluyla kurulayın, ardından her iki tarafını da susamla kaplayın.
ğ) Orta boy yapışmaz tavayı orta-yüksek sıcaklıkta 2 dakika önceden ısıtın. Zeytinyağı ekleyin ve ton balığını her iki tarafta 2 dakika kızartın, ardından pişmiş tarafı tuzlayın ve karabiber ekleyin.
h) Örtün ve ocaktan alın, ardından 5 dakika bekletin.
ı) Yeşillikleri ikiye bölün ve tabaklara koyun, ardından patates ve fasulyeyi marulun üzerine kaşıklayın. Domatesleri ekleyin, ardından ton balığını şeritler halinde dilimleyin ve üstüne yerleştirin.
i) Kalan sosu üstüne dökün ve baget ile servis yapın.

KONSERVE ALBACORE TON BAĞLI SALATALAR

32. Albacore Muzlu Ananas Salatası

İÇİNDEKİLER:

- 3 olgun muz, doğranmış
- 1/2 bardak doğranmış konserve ananas
- 1 1/2 bardak konserve albacore ton balığı
- 1/4 bardak doğranmış kereviz
- 1/2 çay kaşığı tuz
- 1 yemek kaşığı kıyılmış turşu
- Islatmak için mayonez

TALİMATLAR:

a) Muzları ve ananasları birlikte karıştırın, ardından kuşbaşı albacore'u ekleyin.

b) Kalan malzemeleri de ekleyip, gevrek marul ve limon dilimleriyle süsleyin.

33. Albacore Makarna Salatası

İÇİNDEKİLER:
- 4 su bardağı pişmiş spiral makarna
- 1 bardak İtalyan salata sosu
- 1 su bardağı domates, doğranmış
- 1 bardak salatalık, doğranmış
- 1 su bardağı siyah zeytin, doğranmış
- 1 su bardağı kırmızı dolmalık biber, doğranmış
- 2 bardak marul
- 1 konserve albacore ton balığı

TALİMATLAR:
a) Makarnayı talimatlara göre pişirin .
b) Süzün ve salata sosuyla karıştırın. 1 saat buzdolabında bekletin.
c) Marulu lokma büyüklüğünde parçalara ayırın ve buzdolabında saklayın.
ç) Sebzeleri makarnayla karıştırın, ardından ton balığını yavaşça karıştırın ve marulun üzerine bir kaseye yerleştirin.

34.Ton Balıklı Erişte Salatası

İÇİNDEKİLER:
- 1-2 kutu ton balığı (beyaz albacore en iyi sonucu verir)
- 2 su bardağı pişmemiş makarna (küçük kabuklu veya makarna çok işe yarar)
- 1/3 salatalık (parçalar halinde doğranmış)
- 1/2 orta boy domates (doğranmış)
- 1 büyük havuç (kabuğu soyulmuş ve küçük parçalar halinde doğranmış)
- 1/3 su bardağı dilimlenmiş siyah zeytin
- 1/3 su bardağı dilimlenmiş yeşil zeytin
- 3 adet tatlı cüce turşu (ince dilimlenmiş)
- 1/2 küçük soğan (kıyılmış veya ince doğranmış)
- 1/2 bardak salata sosu (Mucize Kırbaç veya isimsiz)
- Tatmak için biber ve tuz
- Beğendiğiniz veya yerine koymak istediğiniz diğer sebzeler

TALİMATLAR:
a) Makarnayı haşlayın (yaklaşık 10 dakika).
b) Makarna kaynarken sebzelerinizin hazırlık çalışmasını yapın.
c) Erişteleri süzün ve makarna soğuyuncaya kadar soğuk suyla durulayın.
ç) Salata sosunu, tuzu ve karabiberi ekleyin. İyice karıştırın.
d) Doğradığınız tüm sebzeleri makarnaya ekleyin.
e) Ton balığını karışıma ekleyin. İşte!

35.Chow Mein Ton Balıklı Salata

İÇİNDEKİLER:
PANSUMAN:
- 1/3 bardak mayonez ve ekşi krema (veya Yunan yoğurdu)
- 1/4 çay kaşığı tuz (damak tadınıza göre ayarlayın)
- 3/4 çay kaşığı sarımsak tozu
- 1/8 çay kaşığı karabiber

SALATA:
- 1 baş buzdağı marul, yırtılmış
- 12 ons albacore ton balığı, süzülmüş ve parçalanmış
- 1 su bardağı dondurulmuş yeşil bezelye, çözülmüş
- 1 konserve erişte (yaklaşık 1 yığın bardak)

TALİMATLAR:
a) Sos malzemelerini karıştırıp bir kenara koyun.
b) Bezelye, ton balığı ve marulu karıştırın.
c) Pansumanı karıştırın.
ç) Son olarak, chow mein erişrelerini karıştırın ve hemen servis yapın!

36. Mostaccioli Salatası Nicoise

İÇİNDEKİLER:
- 1 pound Mostaccioli veya penne makarna, pişmemiş
- 2 pound taze yeşil fasulye, yumuşayana kadar buharda pişirilir
- 2 orta boy yeşil biber, parçalar halinde kesilmiş
- 1 litre kiraz domates, dörde bölünmüş
- 2 su bardağı dilimlenmiş kereviz
- 1 su bardağı dilimlenmiş yeşil soğan
- 10-20 çekirdekleri çıkarılmış olgun zeytin (Kalamata), dilimlenmiş (veya tadına göre)
- 2 (7 ons) kutu su dolu beyaz ton balığı (Albacore), suyu süzülmüş ve pul pul dökülmüş

PANSUMAN:
- 1/2 su bardağı zeytinyağı veya bitkisel yağ
- 1/4 su bardağı kırmızı şarap sirkesi
- 3 diş sarımsak, kıyılmış
- 4 çay kaşığı Dijon tarzı hardal
- 1 çay kaşığı herhangi bir tuzsuz bitki baharatı
- 1 çay kaşığı fesleğen yaprağı (taze veya kuru)
- 1/4 çay kaşığı biber

TALİMATLAR:
a) Makarnayı paketin talimatına göre hazırlayın.
b) Makarna pişerken sebzeleri ve zeytinleri doğrayıp geniş bir kapta ton balığıyla birleştirin.
c) Yağ, sirke, sarımsak, hardal, baharat, fesleğen ve biberi birlikte çırpın.
ç) Makarna piştikten sonra süzün ve sebzelerle dolu büyük kaseye ekleyin.
d) Sosu makarnanın üzerine dökün ve iyice birleştirmek için karıştırın.
e) Tatlar karışana kadar örtün ve soğutun (yaklaşık 1-2 saat, daha iyi lezzet için daha uzun).
f) Soğurken ara sıra karıştırın, ardından servis yapın ve tadını çıkarın!

37. Halka Erişte ve Yenibaharlı Ton Balıklı Salata

İÇİNDEKİLER:
- 1 kutu küçük halka erişte
- 1 kavanoz yenibahar (doğranmış)
- 1/2 su bardağı doğranmış kereviz
- 1/2 bardak yeşil soğan (küçük dilimlenmiş)
- 1 kutu albacore ton balığı (süzülmüş)
- 1 bardak mayonez

TALİMATLAR:
a) Küçük halka erişteleri hazır olana kadar tuzlu suda kaynatın. Soğuyuncaya kadar soğuk suyla boşaltın ve durulayın.

b) Kıyılmış yenibahar, kereviz, yeşil soğan, süzülmüş ton balığı ve mayonezle karıştırın.

c) Soğutun ve marul yaprağı üzerinde servis yapın. Yaz öğle yemeği için idealdir.

38.Ton Balıklı Salata

İÇİNDEKİLER:
- 2 kutu suda albacore ton balığı
- 3/4 su bardağı iri lorlu süzme peynir (az yağlı kullanabilirsiniz)
- 1 çay kaşığı dereotu
- 1 çay kaşığı şeker (isteğe bağlı)
- 1 yemek kaşığı Mucize Kırbaç
- Tatmak için biber ve tuz

TALİMATLAR:
a) Tüm malzemeleri bir kapta birleştirin.
b) İyice karıştırıp yiyin.
c) Tek başına veya sandviçle yenebilir. Doyurucu, kalın kesilmiş tahıl ekmeğinin veya tam buğday krakerlerinin yanında tadını çıkarabilirsiniz.

39.Makarna Ton Balıklı Salata

İÇİNDEKİLER:
- 12 ons konserve su dolu albacore ton balığı, süzülmüş ve pul pul dökülmüş
- 8 onsluk paket küçük kabuklu makarna
- 2 adet haşlanmış yumurta, ince doğranmış
- 1/4 bardak yeşil veya kırmızı biber, doğranmış
- 2 sap kereviz, doğranmış
- 1 demet yeşil soğan, doğranmış
- 1 su bardağı dondurulmuş yeşil bezelye, pişirilip soğutulmuş
- 3/4 bardak mayonez
- 2 yemek kaşığı turşu tadı
- 1 çay kaşığı tuz
- 1 çay kaşığı taze çekilmiş karabiber

TALİMATLAR:
a) Makarnayı paketin üzerindeki talimatlara göre pişirin, süzün ve soğuk suyla durulayın.
b) Makarnayı soğumaya bırakın, ardından ton balığı, yumurta, biber, kereviz, soğan ve bezelye ekleyin. İyice karıştırın.
c) Küçük bir kapta mayonez, turşu, tuz ve karabiberi karıştırın.
ç) Mayonez karışımını makarnaya ekleyin ve iyice karıştırın.
d) Servis yapmadan önce birkaç saat buzdolabına koyun.

40. Çıplak Kar Bezelye Ton Balığı Salatası

İÇİNDEKİLER:

- 12 oz. Parça Beyaz albacore ton balığı
- 1/8 su bardağı Taze Kesilmiş tatlı bezelye
- 1 orta boy dal Taze kereviz kalbi
- 1/2 bardak yeşil soğan
- 1 bardak maydanoz
- 1/2 bardak jicama
- 1 çay kaşığı öğütülmüş kimyon
- 1/4 çay kaşığı baharat, kırmızı biber
- 1/4 çay kaşığı tuz
- 1/2 bardak mayonez

TALİMATLAR:

a) Bezelyenin kabuğunu soyun, ardından kerevizi, yeşil soğanı ve jicama'yı ince ince doğrayın. Maydanozu kıyın.

b) İki kutu ton balığını boşaltın, birleştirin ve iyice karıştırın.

c) Servis yapmadan önce bir saat soğutun.

ç) Taze yeşilliklerin üzerinde servis yapın veya bir sargıya sarın. Panini preniz varsa sıcak ton balığı sarması için kullanılabilir.

41.Neptün Salatası

İÇİNDEKİLER:
- 12-14 oz. Albacore beyaz ton balığı, süzülmüş
- 6 adet yağda paketlenmiş güneşte kurutulmuş domates, kıyılmış
- 2 yemek kaşığı kıyılmış maydanoz
- 1/2 bardak Marzetti® Balzamik Sos, bölünmüş
- 8 ons temizlenmiş karışık salata yeşillikleri
- 1/2 İngiliz salatalık, yarıya bölünmüş ve 1/4-inç dilimler halinde kesilmiş
- Her biri 6 dilime kesilmiş 2 olgun domates
- 1 bardak Texas tostu deniz tuzu ve karabiber Croutons®

TALİMATLAR:
a) Orta boy bir karıştırma kabında ton balığı, güneşte kurutulmuş domates, maydanoz ve 2 yemek kaşığı Marzetti® Balzamik Sosu birleştirin.

b) Servis kasesinde salata yeşilliklerini, salatalıkları ve domatesleri birleştirin. Kalan Marzetti® Balzamik Sosu ile karıştırın.

c) Ton balığı karışımını yeşilliklerin üzerine dökün ve Texas Toast Deniz Tuzu ve Biberli Kruton serpin.

ç) Sert.

42.Kremalı Biber ve Domatesli Ton Balığı Salatası

İÇİNDEKİLER:

- 2 büyük kutu beyaz, albacore ton balığı suya paketlenmiş, süzülmüş
- 1/4 çekirdeği çıkarılmış kalamata zeytini, suyu süzülmüş ve doğranmış VEYA 1/4 İspanyol kraliçe zeytini, suyu süzülmüş ve dilimlenmiş
- 1/2 kırmızı dolmalık biber, çekirdeği çıkarılmış ve doğranmış (veya kavrulmuş kırmızı biber)
- 2 yemek kaşığı kapari, süzülmüş
- 1/4 kırmızı soğan, doğranmış
- 2 roma domates, doğranmış
- Bir dilim limonun suyu
- mayonez
- 2 çay kaşığı Dijon hardalı
- Taze çekilmiş karabiber
- Birkaç shake Old Bay baharatı

TALİMATLAR:

a) Mayonez dışındaki tüm malzemeleri geniş bir karıştırma kabında birleştirin.
b) İstenilen kıvama gelinceye kadar her seferinde biraz mayonez ekleyin; eklemek çıkarmaktan daha kolaydır.
c) Servis yapana kadar soğutun.
ç) Kaşar peyniri ile çıtır Fransız ekmeği veya yeşil yapraklı marul üzerinde servis yapın.
d) Zeytin ve kapariden bol miktarda aldığı için tuza gerek yok.
e) Kullanıcı

43.Olio Di Oliva Ton Balıklı Salata

İÇİNDEKİLER:
- 1 5 onsluk Albacore Ton Balığı suya paketlenmiş olabilir
- 1/4 bardak doğranmış domates
- 1/4 bardak doğranmış kereviz
- 1/8 bardak doğranmış Kalamata zeytini
- 1 çay kaşığı kapari
- 1/4 çay kaşığı kuru fesleğen
- 1/4 çay kaşığı kuru kekik
- 1/4 çay kaşığı kuru maydanoz
- 1 yemek kaşığı zeytinyağı
- 1 1/2 yemek kaşığı kırmızı şarap sirkesi
- Tatmak için tuz ve kırık biber
- 2 çay kaşığı çam fıstığı (isteğe bağlı)

TALİMATLAR:
a) Konserve ton balığını iyice süzün.
b) Bir kaseye alıp geri kalan malzemeleri ekleyin.
c) Karıştırmak için yavaşça karıştırın.
ç) Hemen soğutun veya yiyin.

44.Ton Balıklı Tortellini Salatası

İÇİNDEKİLER:
- 1 (19 oz.) paket dondurulmuş peynirli tortellini
- 1 (12 oz.) konserve albacore ton balığı, iyice durulanmış ve süzülmüş
- 1/4 su bardağı dilimlenmiş yeşil zeytin
- 1/4 su bardağı dilimlenmiş siyah zeytin
- 1/4 bardak doğranmış kırmızı dolmalık biber
- 2 yemek kaşığı doğranmış tatlı soğan
- 2 yemek kaşığı kıyılmış taze maydanoz
- 2 yemek kaşığı mayonez
- 1 yemek kaşığı kırmızı şarap sirkesi
- 1 çay kaşığı Provence bitkisi (veya 1 çay kaşığı kurutulmuş İtalyan baharatı)
- 1/4 bardak kanola yağı
- Tatmak için tuz
- Süsleyin: taze maydanoz dalları

TALİMATLAR:
a) Tortelliniyi paketin üzerindeki talimatlara göre pişirin; boşaltmak. Pişirme işlemini durdurmak için buzlu suya daldırın; süzün ve geniş bir kaseye yerleştirin.
b) Ton balığını ve sonraki 5 malzemeyi karıştırın.
c) Mayonez, kırmızı şarap sirkesi ve Herbes de Provence'ı birlikte çırpın. Yavaş ve sabit bir akışla yağı ekleyin ve pürüzsüz hale gelinceye kadar sürekli çırpın.
ç) Tortellini karışımının üzerine dökün ve kaplayın. Tadına göre tuzu karıştırın.
d) En az 25 dakika boyunca örtün ve soğutun. İstenirse süsleyin.

45.Uptown Ton Balıklı Salata

İÇİNDEKİLER:

- 2 kutu tongol veya albacore ton balığı
- 1 orta boy soğan, doğranmış
- 2 sap kereviz, 1/4" küpler halinde kesilmiş
- 1 yumurta, dövülmüş
- 2 yemek kaşığı kremalı şeri
- 1 çay kaşığı kajun baharatı
- Tadına göre zeytinyağı mayonezi
- 1 yemek kaşığı doğranmış yenibahar, süzülmüş
- Sızma zeytinyağı
- Balzamik sirke
- 8-10 oz yabani roka, durulanmış

TALİMATLAR:

a) Küçük bir tencerede soğanı biraz zeytinyağında yumuşayana kadar soteleyin.

b) Kereviz ekleyin ve soğan tamamen yumuşayıp hafif kahverengileşene kadar sotelemeye devam edin.

c) Çırpılmış yumurtayı ekleyin ve yumurta pişene kadar karıştırarak pişirmeye devam edin. Isıyı çıkarın.

ç) Ton balığını iyice süzün ve orta boy bir kaseye koyun. 2 yemek kaşığı zeytinyağı, şeri, yenibahar ve Cajun baharatını ekleyip karıştırın.

d) İstenilen krema seviyesine kadar mayonez ekleyin, ancak en az 2 yemek kaşığı. Yumurta ve soğan karışımıyla birleştirin.

e) Servis yapmak için rokayı 4 meze tabağına bölün. Sirke ve zeytinyağını gezdirin. Her birine birer parça ton balıklı salata koyun.

DİĞER KONSERVE TON BALIKLI SALATALAR

46. Güneşte kurutulmuş domates ve ton balıklı salata

İÇİNDEKİLER:
- 10 adet güneşte kurutulmuş domates, yumuşatılmış ve doğranmış
- sızma zeytinyağı, 2 yemek kaşığı
- limon suyu, ½ yemek kaşığı
- 1 diş sarımsak, kıyılmış
- ince kıyılmış maydanoz, 3 yemek kaşığı
- 2 (5 oz) kutu ton balığı, kuşbaşı
- 2 kaburga kereviz, ince doğranmış
- Düşük sodyumlu tuz ve karabiberi sıkın

TALİMATLAR:
a) Doğranmış kereviz, domates, sızma zeytinyağı, sarımsak, maydanoz ve limon suyunu ton balığıyla birleştirin.
b) Biber ve düşük sodyum tuzu ile tatlandırın.

47. İtalyan Ton Balıklı Salata

İÇİNDEKİLER:

- 10 adet güneşte kurutulmuş domates
- 2 (5 oz) kutu ton balığı
- 1-2 kereviz kaburga, ince doğranmış
- 2 yemek kaşığı sızma zeytinyağı
- 1 diş sarımsak, kıyılmış
- 3 Yemek kaşığı ince kıyılmış maydanoz
- 1/2 Yemek kaşığı limon suyu
- Düşük sodyumlu tuz ve karabiberi sıkın

TALİMATLAR:

a) Güneşte kurutulmuş domatesleri ılık suda 30 dakika yumuşayana kadar yumuşatarak hazırlayın. Daha sonra domatesleri kurulayın ve ince ince doğrayın.

b) Ton balığını dilimleyin.

c) Ton balığını doğranmış domates, kereviz, sızma zeytinyağı, sarımsak, maydanoz ve limon suyuyla karıştırın. Düşük sodyum tuzu ve karabiber ekleyin.

48. Asya Ton Balıklı Salata

İÇİNDEKİLER:
- 2 (5 oz.) kutu ton balığı, süzülmüş
- ½ su bardağı rendelenmiş kırmızı lahana
- 1 büyük rendelenmiş havuç
- 1 diş sarımsak, kıyılmış
- 1 çay kaşığı kırmızı biber gevreği (isteğe bağlı)
- 1 çay kaşığı zencefil, rendelenmiş
- 1 çay kaşığı kızarmış susam yağı
- 2 yemek kaşığı zeytinyağı
- 3 Yemek kaşığı pirinç sirkesi
- 1 çay kaşığı şeker
- 2 yemek kaşığı doğranmış taze kişniş
- 1 soğan, doğranmış
- Tatmak için tuz ve karabiber

TALİMATLAR:
a) Tüm malzemeleri ekleyin bir salata kasesine alıp iyice karıştırın.
b) Ekmekle veya marul kaplarında servis yapın.

49.Roma Ton Balığı Salatası

İÇİNDEKİLER:
- 1 Yemek kaşığı limon suyu
- 2 kaburga kereviz, ince doğranmış
- 1 diş sarımsak, kıyılmış
- 3 Yemek kaşığı maydanoz
- 2 yemek kaşığı sızma zeytinyağı
- 10 adet güneşte kurutulmuş domates , genellikle ılık suda bekletilip doğranmış
- 10 oz. ton balığı konservesi, pul pul dökülmüş
- Düşük sodyumlu tuz ve karabiberi sıkın

TALİMATLAR:
a) bir karıştırma kabına atın .
b) Eğlence.

50. Düşük Karbonhidratlı Meze Ton Balıklı Salata

İÇİNDEKİLER:
- 10 adet güneşte kurutulmuş domates , yumuşatılmış ve doğranmış
- 2 (5 oz) kutu ton balığı , kuşbaşı
- 1-2 kereviz kaburga, ince doğranmış
- 2 yemek kaşığı sızma zeytinyağı
- 1 diş sarımsak, kıyılmış
- 3 Yemek kaşığı ince kıyılmış maydanoz
- ½ Yemek kaşığı limon suyu
- Düşük sodyumlu tuz ve karabiberi sıkın

TALİMATLAR:

a) Ton balığını doğranmış domates, kereviz, sızma zeytinyağı, sarımsak, maydanoz ve limon suyuyla karıştırın.

b) Düşük sodyumlu tuz ve karabiber ekleyin.

51.Ton balıklı salata yemeği hazırlanışı

İÇİNDEKİLER:

- 2 büyük yumurta
- 2 (5 ons) kutu ton balığı, suda, süzülmüş ve pul pul dökülmüş
- ½ fincan yağsız Yunan yoğurdu
- ¼ bardak doğranmış kereviz
- ¼ bardak doğranmış kırmızı soğan
- 1 yemek kaşığı Dijon hardalı
- 1 yemek kaşığı tatlı turşu çeşnisi (isteğe bağlı)
- 1 çay kaşığı taze sıkılmış limon suyu veya tadına göre daha fazlası
- ¼ çay kaşığı sarımsak tozu
- Tadına göre kaşer tuzu ve taze çekilmiş karabiber
- 4 Bibb marul yaprağı
- ½ bardak çiğ badem
- 1 salatalık, dilimlenmiş
- 1 elma, dilimlenmiş

TALİMATLAR:

a) Yumurtaları büyük bir tencereye koyun ve üzerini 1 inç soğuk suyla kaplayın. Kaynatın ve 1 dakika pişirin. Tencereyi sıkı bir kapakla kapatın ve ocaktan alın; 8 ila 10 dakika bekletin. İyice süzün ve soyup yarıya indirmeden önce soğumaya bırakın.

b) Orta boy bir kapta ton balığı, yoğurt, kereviz, soğan, hardal, çeşni, limon suyu ve sarımsak tozunu birleştirin; tatmak için tuz ve karabiber ekleyin.

c) Marul yapraklarını yemek hazırlama kaplarına bölün. Üzerine ton balığı karışımını ekleyin ve bir kenara yumurta, badem, salatalık ve elmayı ekleyin. Buzdolabında 3 ila 4 gün saklanacaktır.

52.Kivi ve Ton Balığı Salatası

İÇİNDEKİLER:
- 1 kutu ton balığı, süzülmüş
- 2 kivi, soyulmuş ve dilimlenmiş
- 1 küçük kırmızı soğan, ince dilimlenmiş
- 2 yemek kaşığı zeytinyağı
- 1 yemek kaşığı balzamik sirke
- Tatmak için biber ve tuz
- Karışık salata yaprakları

TALİMATLAR:
a) Sosu hazırlamak için küçük bir kapta zeytinyağı ve balzamik sirkeyi çırpın.
b) Büyük bir kapta ton balığı, kivi, kırmızı soğan ve karışık salata yapraklarını karıştırın.
c) Sosu salatanın üzerine dökün ve kaplayın.
ç) Tatmak için tuz ve karabiber ekleyin.

53.Meze Ton Balıklı Salata

İÇİNDEKİLER:
- 1/2 su bardağı sade yoğurt
- 1/3 bardak mayonez
- 1/4 bardak doğranmış fesleğen
- 1/4 çay kaşığı biber
- 1/2 İngiliz salatalığı
- 1 dolmalık biber
- 2 su bardağı kiraz domates; yarıya indirildi
- 1 1/2 bardak bocconcini incileri
- 1/2 su bardağı biberli yeşil zeytin
- 2 yemek kaşığı süzülmüş ve doğranmış acı biber turşusu
- 2 kutu parça ton balığı, süzülmüş
- Yeşil salata

TALİMATLAR:

a) Büyük bir kapta yoğurt, mayonez, fesleğen ve biberi birleştirin.
b) İyice karıştırın.
c) Salatalık, dolmalık biber, domates, bocconcini, zeytin ve acı biber ekleyin.
ç) Ceketini fırlat.
d) Bir çatal kullanarak ton balığını lokma büyüklüğünde parçalar halinde bırakarak yavaşça karıştırın.
e) Yeşilliklerin üzerine servis yapın.

54.Enginar ve Olgun Zeytin Ton Balığı Salatası

İÇİNDEKİLER:

- 2 kutu parça hafif ton balığı, süzülmüş ve pul pul dökülmüş
- 1 su bardağı doğranmış konserve enginar kalbi
- 1/4 bardak dilimlenmiş zeytin
- 1/4 su bardağı doğranmış soğan
- 1/3 bardak mayonez
- 3 diş sarımsak, kıyılmış
- 2 çay kaşığı limon suyu
- 1 1/2 çay kaşığı doğranmış taze kekik veya 1/2 çay kaşığı kurutulmuş

TALİMATLAR:

a) Orta boy bir kapta tüm malzemeleri birleştirin.

b) Dilimlenmiş domateslerle birlikte marul veya ıspanak yatağında servis yapın veya içi boş domatesleri veya puf böreği kabuklarını doldurmak için kullanın.

55.Halka Makarna Ton Balığı Salatası

İÇİNDEKİLER:
- Kutunun üzerinde belirtildiği şekilde hazırlanmış 1 (7 ons) kutu halka makarna
- 1 (8 1/2 ons) kutu Le Sueur Haziran başında bezelye, süzülmüş (veya 1 bardak Green Giant Select Le Sueur dondurulmuş bebek bezelye, çözülmüş)
- 1 su bardağı kereviz, ince doğranmış
- 2 (6 ons) kutu ton balığı, süzülmüş
- 1/4 bardak soğan, ince doğranmış
- 1 bardak Mucize Kırbaç
- 1 çay kaşığı tuz (veya daha az, tadına göre kullanın)

TALİMATLAR:
a) Tüm malzemeleri yavaşça karıştırın ve 2 ila 3 saat buzdolabında bekletin.

56.Ton Balıklı Avokado Salatası

İÇİNDEKİLER:

- 2 adet sert pişmiş yumurta
- 1 avokado
- 1/2 yemek kaşığı limon suyu
- 8 ons ton balığı
- 3 yemek kaşığı mayonez
- 1/2 bardak soğan, doğranmış
- 2 yemek kaşığı dereotu turşusu, doğranmış
- 2 çay kaşığı sıvı acı biber sosu
- 1 1/2 çay kaşığı tuz
- 1 marul, doğranmış

TALİMATLAR:

a) Bir kasede haşlanmış yumurtaları, renginin bozulmasını önlemek için üzerine limon suyu serpilmiş avokado ile birleştirin.

b) Çatalla iyice ezin.

c) Servis kabında ton balığını (süzülmüş) mayonez, doğranmış soğan, doğranmış dereotu turşusu, sıvı acı biber sosu ve tuzla karıştırın.

ç) Yumurta karışımını karıştırın.

d) Kıyılmış marulun üzerinde servis yapın.

57. Barselona Pirinç Ton Balığı Salatası

İÇİNDEKİLER:

- 1/3 su bardağı zeytinyağı
- 1/2 su bardağı kırmızı şarap sirkesi
- 1 diş sarımsak, ince kıyılmış
- 1/2 çay kaşığı tuz
- 1 yemek kaşığı Dijon hardalı
- 2 1/2 su bardağı pişmiş uzun taneli pirinç
- 5 ons konserve ton balığı, süzülmüş
- 1/2 su bardağı dilimlenmiş, yenibaharla doldurulmuş yeşil zeytin
- 1 kırmızı dolmalık biber, çekirdeği çıkarılmış, çekirdeği çıkarılmış ve dilimlenmiş
- 1 orta boy salatalık, soyulmuş ve doğranmış
- 1 domates, doğranmış
- 1/4 su bardağı kıyılmış taze maydanoz

TALİMATLAR:

a) Küçük bir cam kasede yağı, sirkeyi, sarımsağı, tuzu ve Dijon hardalını birlikte çırpın.

b) Maydanoz hariç kalan malzemeleri birleştirin, ardından sosu dökün ve birleştirmek için hafifçe karıştırın.

c) Kapağını kapatıp buzdolabında marine olmasına izin verin, ardından servis yapmadan önce maydanozu ekleyip karıştırın.

58. Papyon Mac ile Soğuk Ton Balıklı Makarna Salatası

İÇİNDEKİLER:
- 1 (32 ons) torba büyük papyonlu makarna
- 6 (6 ons) kutu ton balığı
- 1 demet kereviz
- 1 küçük salatalık
- 1 kırmızı soğan
- 2 kutu siyah zeytin
- 1 (10-12 ons) kavanoz dereotu turşusu
- Mayonez (Arzu edilirse Hafif Mayonez)
- Tuz biber

TALİMATLAR:
a) Makarnayı talimatlara göre haşlayın.
b) Makarnayı hazırlarken diğer malzemeleri de hazırlayın.
c) Kerevizi dilimleyin, turşuyu, soğanı, zeytini ve salatalığı doğrayın.
ç) Makarna bittiğinde BÜYÜK bir kaseye koyun.
d) Makarnanın yaklaşık yarısını kullanarak başlayın ve istediğiniz kadar fazlasını ekleyin.
e) Ton balığını ve diğer malzemeleri tuz ve karabiberle birlikte karıştırın.
f) Mayonuzu damak tadınıza göre ayarlayın. Eğlence!

59. Siyah Fasulye Ton Balığı Salatası

İÇİNDEKİLER:

- 1 kutu ton balığı, süzülmüş
- 1 kutu siyah fasulye, süzülmüş (durulanmamış)
- 1 domates, doğranmış
- Tofu (isteğe bağlı, kendi takdirinize göre)
- 1 yemek kaşığı (Alouette) sarımsak ve otlar sürülebilir peynir (frischkäse veya neufchatel gibi)
- 1/4 bardak ağır krema
- Karışık yeşillikler
- Biber yağı sosu (isteğe bağlı)

TALİMATLAR:

a) Balık keklerini ve kremayı bir kaseye koyun.
b) Ton balığı ve siyah fasulyeyi ekleyin. Hafifçe karıştırın.
c) Balık kekleri eriyene kadar karışımı yaklaşık 2-3 dakika mikrodalgada tutun. Karıştırmak.
ç) Salata yeşilliklerini bir tabağa koyun.
d) Salatanın ortasına bir porsiyon fasulye ve ton balığı koyun.
e) Üzerine domates serpin ve biraz tofuyu parçalayın.
f) İstenirse pansuman ekleyin. (Susam yağı, soya sosu ve doğranmış kavrulmuş biberlerle ev yapımı biber yağı sosunu deneyin. Karıştırın ve dökün)
g) Eğlence!

60.Kahverengi Pirinç ve Ton Balıklı Salata

İÇİNDEKİLER:

- 1 1/5 su bardağı kahverengi pirinç veya diğer uzun taneli pirinç
- 1/2 bardak balzamik sirke
- 250 gram salatalık, soyulmamış, 1 cm'lik küpler halinde kesilmiş
- 1/2 bardak küçük turp, yarıya bölünmüş
- 1 kereviz sapı, doğranmış
- 60 gram bebek roket yaprağı
- 450 gram suda ton balığı, suyu süzülmüş ve pullara bölünmüş
- Damak tadınıza göre karabiber (ton balığı zaten yeterince tuzlu olduğundan tuzsuz)

TALİMATLAR:

a) Pirinci paket talimatlarına göre pişirin, iyice süzün ve soğuması için 10 dakika bekletin.
b) Balzamiği pirinçle karıştırın ve 15 dakika bekletin.
c) Diğer tüm malzemeleri pirince ekleyin, tadına göre biber ekleyin, karıştırın.
ç) Kahverengi ekmek dilimleri ile veya üzerinde servis yapın.

61.Nohutlu Ton Balıklı Salata

İÇİNDEKİLER:
PANSUMAN:
- 1 çay kaşığı kuru nane veya birkaç tane taze kıyılmış
- 1/2 çay kaşığı sarımsak tozu veya tadına göre taze kullanın
- 1/4 çay kaşığı öğütülmüş tarçın
- 1/2 çay kaşığı tuz
- 1/3 bardak elma sirkesi
- 1/4 su bardağı favori yağ

SEBZELER:
- 1 su bardağı doğranmış veya dilimlenmiş kereviz (üst yapraklar dahil)
- 1/2 ila 1 bütün doğranmış kırmızı dolmalık biber
- 8 oz dilimlenmiş su kestanesi, süzülmüş olabilir
- 15 oz. konserve garbanzo fasulyesi (nohut, ceci), süzülmüş ve durulanmış
- 1 su bardağı ince jülyen doğranmış kırmızı soğan
- 1 büyük domates, doğranmış
- Tuna

TALİMATLAR:
a) Tüm sos malzemelerini birbirine ekleyip iyice çırpın.
b) Tüm sebzeleri geniş bir kapta birleştirip üzerine sosu dökün.
c) Buzdolabında iyi saklanır ve birkaç saat marine edilirse tadı harika olur.
ç) Yeşillik/marul yatağına yerleştirin veya taze bir garnitür olarak servis yapın.
d) Daha doyurucu bir çeşitlilik için kuşbaşı ton balığı veya ızgara tavuk ekleyin.

62.Ton Balıklı Kıyılmış Salata

İÇİNDEKİLER:

- 2 yemek kaşığı beyaz şarap sirkesi
- 1/4 çay kaşığı tuz
- 1/8 çay kaşığı taze çekilmiş karabiber
- 1/4 su bardağı sızma zeytinyağı
- 1 baş marul, 1 "parçalara doğranmış
- 1 kutu nohut, süzülmüş ve durulanmış
- 5 onsluk ton balığı konservesi, süzülmüş ve pul pul dökülmüş
- 1/2 su bardağı siyah zeytin, çekirdekleri çıkarılmış ve dilimlenmiş
- 1/4 "parçalara kesilmiş 1/2 kırmızı soğan
- 2 su bardağı taze kıvırcık maydanoz, iri kıyılmış

TALİMATLAR:

a) Sirkeyi geniş bir salata kasesine koyun.
b) Tuz ve karabiber ekleyin.
c) Emülsifiye etmek için çırparak yavaş yavaş sabit bir akış halinde yağ ekleyin.
ç) Kalan malzemeleri kaseye ekleyin ve birleştirmek için iyice karıştırın.

63. Ton Balıklı Klasik Salata Nicoise

İÇİNDEKİLER:
- 115 gr yeşil fasulye (kesilmiş ve yarıya bölünmüş)
- 115 gr karışık salata yaprakları
- 1/2 küçük salatalık (ince dilimlenmiş)
- 4 adet olgun domates (dörde bölünmüş)
- 50g konserve hamsi (süzülmüş) - isteğe bağlı
- 4 yumurta (katı haşlanmış ve dörde bölünmüş VEYA haşlanmış)
- 1 küçük kutu salamura ton balığı
- Tuz ve öğütülmüş karabiber
- 50 gr küçük siyah zeytin (isteğe bağlı)

PANSUMAN:
- 4 yemek kaşığı sızma zeytinyağı
- 2 diş sarımsak (ezilmiş)
- 1 yemek kaşığı beyaz şarap sirkesi

TALİMATLAR:
a) Sos için son 3 malzemeyi çırpın, tuz ve karabiberle tatlandırıp bir kenara koyun.
b) Yeşil fasulyeleri yaklaşık 2 dakika (haşlama) veya hafifçe yumuşayana kadar pişirin, ardından süzün.
c) Büyük bir kapta salata yapraklarını, salatalık, domates, yeşil fasulye, hamsi, zeytin ve sosu bir araya getirin.
ç) Üstüne dörde bölünmüş yumurta(lar) ve pul pul ton balığını ekleyin (böylece şeklini kaybetmez).
d) Hemen servis yapın ve tadını çıkarın!

64.Kuskus Nohut ve Ton Balıklı Salata

İÇİNDEKİLER:
- 2 çay kaşığı yağ
- 1 adet kiraz domates, ikiye bölünmüş
- 1 bardak kuskus
- 1 bardak su, haşlanmış
- 80 gr bebek ıspanak
- 400 gr süzülmüş nohut
- 185g yağda ton balığı, süzülmüş ve pullara bölünmüş
- 90 gr beyaz peynir, ufalanmış
- 1/3 bardak çekirdekleri çıkarılmış Kalamata zeytini, dilimlenmiş

PANSUMAN:
- 2 yemek kaşığı zeytinyağı
- 1 yemek kaşığı balzamik sirke
- 2 yemek kaşığı akçaağaç şurubu

TALİMATLAR:
a) Yağı orta boy bir tavada yüksek ateşte ısıtın. Domatesleri ekleyin, yumuşayana kadar 1-2 dakika pişirin ve ardından bir tabağa aktarın.
b) Kuskusu geniş bir kaseye koyun, üzerini suyla örtün ve sıvı emilene kadar yaklaşık 5 dakika bekletin. Çatalla kabartın.
c) Pansuman: Tüm malzemeleri bir sürahide çırpın ve tadına göre baharatlayın.
ç) Ispanak, nohut, ton balığı, beyaz peynir ve zeytinleri, domates ve sosla birlikte kuskusun içine atın.
d) Çıtır ekmekle servis yapın. Eğlence!

65.Ton balığı, ananas ve mandalina salatası

İÇİNDEKİLER:

- 20 onsluk ananas dilimleri, 2 yemek kaşığı meyve suyu ayırın
- 7 onsluk beyaz ton balığı konservesi, süzülmüş
- 11 onsluk mandalina portakalı, süzülmüş
- 1 orta boy salatalık, soyulmuş ve doğranmış
- 1/4 su bardağı doğranmış yeşil soğan
- Tabakları süslemek için marul yaprakları
- 1 bardak mayonez
- 1 yemek kaşığı limon suyu

TALİMATLAR:

a) Ananas dilimlerini 2 yemek kaşığı tutarak boşaltın. pansuman için.
b) Orta boy bir kasede büyük ton balığı parçalarını parçalayın, ardından portakal parçaları, salatalık ve yeşil soğanla karıştırın.
c) 5 salata tabağını marul yapraklarıyla sıralayın.
ç) Ton balığı karışımını tabaklardaki marulun üzerine kaşıkla dökün.
d) Her tabağın üzerine 2 dilim ananas koyun.
e) Pansuman için 2 yemek kaşığı karıştırın. mayonez ve limon suyu ile ananas suyu.
f) Sosu her salata porsiyonunun üzerine gezdirin ve hemen servis yapın.

66.Taze Ton Balığı ve Zeytin Salatası

İÇİNDEKİLER:
- 1/2 bardak doğranmış kereviz
- 1/2 bardak doğranmış İspanyol soğanı
- 1/4 bardak doğranmış havuç
- 1/2 defne yaprağı
- 1/2 bardak kuru beyaz şarap
- 2 limon dilimleri
- 1 dal taze mercanköşk
- 1 dal taze kekik
- 1 pound derisiz taze ton balığı, kesilmiş
- 1/4 bardak doğranmış kırmızı dolmalık biber
- 1/4 su bardağı dilimlenmiş, çekirdeği çıkarılmış, kuru kürlenmiş siyah zeytin
- 3 yemek kaşığı zeytinyağı
- 2 yemek kaşığı doğranmış taze düz yapraklı maydanoz yaprağı
- 1 1/2 yemek kaşığı taze sıkılmış limon suyu
- 1 çay kaşığı acı sos
- Tuz ve taze çekilmiş karabiber

TALİMATLAR:
a) Orta boy bir tencerede 1/4 su bardağı kereviz, 1/4 su bardağı soğan, havuç, defne yaprağı, beyaz şarap, limon dilimleri, mercanköşk, kekik ve 1 1/2 su bardağı suyu birleştirin. Kaynatın, ardından ısıyı düşürerek 5 dakika pişirin.
b) Ton balığını yavaşça sıvıya indirin ve pişene kadar yaklaşık 12 ila 15 dakika haşlayın. Ton balığını çıkarın ve soğuması için bir kenara koyun. Soğuduktan sonra büyük parçalara bölün.
c) Pişirme sıvısını ince bir süzgeçten geçirerek başka bir tencereye süzün. Katıları atın. Süzülmüş sıvıyı kaynatın, 1/4 bardağa düşürün ve neredeyse şurup kıvamına getirin (10 ila 15 dakika). Isıdan çıkarın ve soğumaya bırakın.
ç) Büyük bir kapta ton balığı, kalan 1/4 bardak soğan, kırmızı biber, zeytin, zeytinyağı, maydanoz, limon suyu, acı sos ve 2 yemek kaşığı azaltılmış pişirme sıvısını birleştirin. Kalan pişirme sıvısını atın.
d) Yavaşça ama iyice karıştırın ve tuz ve karabiberle tatlandırın.
e) Sandviç dolgusu veya salata bileşeni olarak kullanın.

67.Ton Balıklı Avokado Mantarlı Mango Salatası

İÇİNDEKİLER:
- Serena ton balığı konservesi (servis kişi sayısına göre değişmektedir)
- Tereyağlı marul
- Mantarlar
- çeri domatesler
- Tatlı mısır (kutu)
- Lübnan salatalık
- Kutudaki mango
- Fransız giyimi

TALİMATLAR:

a) Tüm ürünleri yıkayın ve marulları ısırık büyüklüğünde parçalar halinde kesin / yırtın.

b) Diğer malzemeleri dilediğiniz gibi kesin.

c) Salatayı kaseye marulu yerleştirerek, ton balığını eşit şekilde ekleyerek, ardından domatesleri, mantarları, salatalıkları, mangoları katlayıp üzerine sosu gezdirerek birleştirin.

ç) Hemen atmaya, karıştırmaya, servis etmeye veya yemeye gerek yok. Eğlence!

68.Yunan Pancarı ve Patates Salatası

İÇİNDEKİLER:

- 1/4 su bardağı salata yağı
- 2 yemek kaşığı iyi şarap sirkesi veya sirke ve limon suyu karışımı
- 1/4 çay kaşığı kuru hardal
- Taze çekilmiş biber
- 4 su bardağı doğranmış sıcak pişmiş patates
- 2 su bardağı doğranmış pişmiş veya konserve pancar
- 1 orta boy Bermuda soğanı, ince dilimlenmiş
- 1 yemek kaşığı doğranmış kapari
- 1/4 su bardağı kıyılmış dereotu turşusu
- 1/2 su bardağı olgun zeytin, büyük parçalar halinde kesilmiş
- 1 1/2 bardak yeşil bezelye, yeşil fasulye veya pul konserve ton balığı veya somon (seçiminiz)
- Garnitür (isteğe bağlı): hamsi, yeşil veya siyah zeytin, maydanoz sapı

TALİMATLAR:

a) İlk dört malzemeyi vidalı kapaklı bir kavanozda birleştirin ve karıştırmak için kuvvetlice çalkalayın.

b) Pancar, patates, soğan ve bezelyenin üzerine dökün. Gece boyunca karıştırın, örtün ve buzdolabında saklayın.

c) Servis yapmadan kısa bir süre önce seçtiğiniz bezelye, fasulye, ton balığı veya somonu ekleyin.

69.Yunan Usulü Ton Balıklı Salata

İÇİNDEKİLER:

- 1 bardak orzo, pişmemiş
- 1 (6 1/8) kutu katı beyaz ton balığı, suyu süzülmüş ve pul pul dökülmüş
- 2 su bardağı doğranmış domates
- 1/2 su bardağı ufalanmış beyaz peynir
- 1/4 su bardağı doğranmış mor soğan
- 3 yemek kaşığı dilimlenmiş olgun zeytin
- 1/2 su bardağı kırmızı şarap sirkesi
- 2 yemek kaşığı su
- 2 yemek kaşığı zeytinyağı
- 1 diş sarımsak, kıyılmış
- 1/2 çay kaşığı kurutulmuş fesleğen
- 1/2 çay kaşığı kurutulmuş kekik
- Yeşil yapraklı marul (isteğe bağlı)

TALİMATLAR:

a) Orzo'yu paket talimatlarına göre pişirin; boşaltın, soğuk suyla durulayın ve tekrar boşaltın.

b) Arpa, ton balığı, domates, beyaz peynir, soğan ve zeytinleri geniş bir kapta birleştirin. Yavaşça fırlatın.

c) Sirke, su, zeytinyağı, sarımsak, fesleğen ve kekiği elektrikli bir karıştırıcının kabında birleştirin. Örtün ve pürüzsüz hale gelinceye kadar işleyin, ardından makarna karışımını üzerine dökün ve hafifçe fırlatın.

ç) Örtün ve iyice soğutun. İstenirse marul yaprakları üzerinde servis yapın.

70.Hawaii Usulü Makarna Salatası

İÇİNDEKİLER:
- 1 kutu dilediğiniz makarna
- 6 haşlanmış yumurta
- 1 rendelenmiş havuç
- İsteğe göre ilave malzemeler (soğan, zeytin, ton balığı, dondurulmuş minik bezelye, ince doğranmış kereviz, salata büyüklüğünde pişmiş karides)
- Pansuman: 1 bardak mayonez veya daha fazlası, 2 yemek kaşığı su, 1/2 çay kaşığı pirinç sirkesi, tuz ve karabiber, 1/2 çay kaşığı köri tozu (isteğe bağlı), 1/2 çay kaşığı kırmızı biber (isteğe bağlı), 2 yemek kaşığı süt (isteğe bağlı), 1 yemek kaşığı şeker (isteğe bağlı)

TALİMATLAR:
a) Makarnayı paketin üzerindeki talimatlara göre pişirin, durulayın ve soğutun.
b) Haşlanmış yumurtaları doğrayıp makarnaya ekleyin. Rendelenmiş havuç ve diğer eklentileri ekleyin.
c) Tüm pansuman malzemelerini birlikte karıştırın. Mayonez veya suyu gerektiği gibi ayarlayın.
ç) Sosu makarna karışımıyla karıştırın, soğumaya bırakın ve servis yapın.

71. Sağlıklı Brokoli Ton Balıklı Salata

İÇİNDEKİLER:
- 1 baş brokoli
- 1 paket ton balığı
- 1 kutu nohut
- Bir avuç üzüm domates
- Yarım kırmızı soğan
- Zeytin yağı
- Limon suyu
- Tuz biber

TALİMATLAR:
a) Brokolileri yıkayıp lokma büyüklüğünde doğrayın.
b) Nohutları durulayın, ton balığını süzün ve domatesleri ikiye bölün.
c) Kırmızı soğanı küçük parçalar halinde dilimleyin.
ç) Tüm malzemeleri birlikte karıştırın, ardından salatayı kaplayacak şekilde zeytinyağı ve limon suyu ekleyin.
d) Tadına göre tuz/biber ekleyin. Eğlence!

72.Karışık Fasulye ve Ton Balıklı Salata

İÇİNDEKİLER:

- 1 kutu Büyük Kuzey fasulyesi
- 1 adet yeşil fasulyeyi kesebilirsiniz
- 1 kutu Garbanzo fasulyesi
- 1 kutu kırmızı barbunya fasulyesi
- 2 kutu ton balığı, suya paketlenmiş, süzülmüş
- 1 orta boy tatlı soğan, iri doğranmış
- 1/2 bardak doğranmış portakal veya sarı biber
- 2/3 bardak sirke
- 1/2 su bardağı salata yağı
- 1/4 bardak Splenda veya şeker
- 1 çay kaşığı kereviz tohumu

TALİMATLAR:

a) Tüm fasulyeleri iyice durulayın ve büyük bir kapta doğranmış soğan, ton balığı ve doğranmış biberle birleştirin.

b) Sirke, bitkisel yağ, şeker ve kereviz tohumunu birlikte çırpın. Sebzelerin üzerine dökün ve hafifçe fırlatın.

c) Tatları eritmek için ara sıra karıştırarak sekiz saat veya gece boyunca örtün ve buzdolabında saklayın.

73. İtalyan Meze Salata Kasesi

İÇİNDEKİLER:

- 6 ons enginar kalbi
- 8-3/4 ons konserve garbanzo fasulyesi, süzülmüş
- 8-3/4 ons kırmızı barbunya fasulyesi, süzülmüş
- 6-1/2 ons suda hafif ton balığı, süzülmüş ve pullara ayrılmış
- 1/2 tatlı kırmızı soğan, ince dilimlenmiş
- 3 yemek kaşığı İtalyan salata sosu
- 1/2 bardak kereviz, ince dilimlenmiş
- 6 su bardağı karışık marul
- 2 ons hamsi, süzülmüş
- 3 ons kuru salam, ince şeritler halinde kesilmiş
- 2 ons Fontina peyniri, küp şeklinde kesilmiş
- Süslemek için kırmızı ve yeşil biber turşusu

TALİMATLAR:

a) Enginar ve turşuyu fasulye, ton balığı, soğan ve 2 yemek kaşığı şişelenmiş sosla karıştırın.

b) Tatları karıştırmak için örtün ve 1 saat veya daha uzun süre buzdolabında saklayın.

c) Büyük bir salata kasesinde marine edilmiş karışımı kereviz ve salata yeşillikleriyle hafifçe birleştirin.

ç) Gerekirse biraz daha şişelenmiş sosla karıştırın.

d) Üzerine hamsi, salam ve peyniri yerleştirip biberle süsleyin. Derhal servis yapın.

74.Japon Ton Balığı Harusume Salatası

İÇİNDEKİLER:

- 50g Harusume eriştesi (fasulye ipliği eriştesi/cam erişte veya pirinç eriştesi)
- 1 Küçük konserve ton balığı
- 1/2 Küçük salatalık (ince dilimlenmiş)
- 1 çay kaşığı Japon turşusu zencefil (isteğe bağlı)
- Deniz yosunu şeritleri (isteğe bağlı)
- Taze soğan/soğan/yeşil soğan (isteğe bağlı)
- Susam tohumları (isteğe bağlı)
- Sos: 1 çay kaşığı susam yağı, 2 çay kaşığı hafif soya sosu/tamari, 1 çay kaşığı mirin, tadına göre tuz

TALİMATLAR:

a) Erişteleri kaynamış suda veya sıcak suda yarı saydam olana kadar (3-4 dakika veya 15 dakika) bekletin.
b) Salatalık dilimlerinin üzerine tuz serpin ve bir kenara koyun.
c) Erişteleri soğuk su altında yıkayıp süzün. Konserve ton balığını eriştelerin üzerine yayın.
ç) Salatalık dilimleri (ve istenirse zencefil turşusu) ekleyin.
d) Sosu eriştelerin üzerine dökün, tuz ve karabiberle tatlandırın ve iyice kaplanana kadar fırlatın.
e) Deniz yosunu şeritleri, dilimlenmiş taze soğan ve susamla süsleyin.
f) Derhal servis yapın.

75. Ton Balıklı ve Hamsi Salatası Nicoise

İÇİNDEKİLER:

- 8 küçük kırmızı patates (pişmiş)
- 2 lbs yeşil fasulye (beyazlatılmış)
- 10 oval kiraz domates
- 1 küçük mor soğan (ince dilimlenmiş)
- 1/2 su bardağı zeytin (çekirdekleri çıkarılmış)
- 6 adet haşlanmış yumurta (dörde bölünmüş)
- 2 kutu 12 oz beyaz ton balığı (yağda paketlenmiş)
- 2 ons hamsi filetosu (isteğe bağlı)
- Sos: 1 yemek kaşığı Dijon hardalı, 4 yemek kaşığı kırmızı şarap sirkesi, 1/2 su bardağı zeytinyağı, 1 çay kaşığı şeker, 1/2 çay kaşığı tuz, 1/2 çay kaşığı biber, 1/4 su bardağı ince kıyılmış düz yapraklı maydanoz

TALİMATLAR:

a) Patatesleri haşlayın, soğuyunca dörde bölün. Yumurtaları kaynatın ve dörde bölün. Fasulyeleri haşlayıp soğutun.

b) Hardal ve sirkeyi pürüzsüz hale gelinceye kadar çırpın. Yavaş bir akışta zeytinyağını ekleyin, koyulaşana kadar çırpın. Şekeri, tuzu, karabiberi ve kıyılmış maydanozu ekleyin.

c) Salatayı karıştırın, sosun çoğunu dökün, yumurtaları tabağın etrafına, ton balığını ortasına yerleştirin ve kalan sosu ton balığı ve yumurtaların üzerine gezdirin.

76.Ton Balıklı Öğle Yemeğinden Kalan Mac Salata

İÇİNDEKİLER:

- 1 qt kalan makarna salatası (marulları çıkarın)
- 1 kutu ton balığı
- 1 bardak su
- 1/2 toz peynir paketi
- Biber
- Baharatlı tuz

TALİMATLAR:

a) Kaynatma su.
b) Ton balığı ekleyin.
c) Makarna salatasını ekleyip iyice karıştırın. Tekrar kaynatın.
ç) 1/2 peynir paketi ekleyin.
d) Tatmak için karabiber ve terbiyeli tuzla tatlandırın.
e) Eğlence!

77.Haşlanmış Yumurta ve Ton Balığı Salatası

İÇİNDEKİLER:
- 2 paket ton balığı
- 2 adet haşlanmış yumurta
- 3 yemek kaşığı mayonez
- 1/2 yemek kaşığı çiftlik sosu
- 1/2 yemek kaşığı Fransız soğan cipsi sosu
- 1/2 yemek kaşığı lezzet (doğranmış)
- Bir parça pastırma parçaları
- Bir tutam sarımsak tozu
- Cajun baharatının çizgisi
- Bir tutam biber

TALİMATLAR:
a) Tüm malzemeleri bir kapta birlikte karıştırın.
b) En iyi lezzet ve tutarlılık için 30 dakika soğutun.
c) Tek başına veya kızarmış ekmeğin tadını çıkarın.

78. Akdeniz Ton Balıklı Meze Salatası

İÇİNDEKİLER:
- 1 kutu fasulye (nohut, börülce veya cannellini fasulyesi), durulanmış
- 2 kutu veya paket su dolu hafif ton balığı, suyu süzülmüş ve pullara ayrılmış
- 1 büyük kırmızı dolmalık biber, ince doğranmış
- 1/2 su bardağı ince doğranmış kırmızı soğan
- 1/2 su bardağı doğranmış taze maydanoz, bölünmüş
- 4 çay kaşığı kapari, durulanmış
- 1 1/2 çay kaşığı ince doğranmış taze biberiye
- 1/2 bardak limon suyu, bölünmüş
- 4 yemek kaşığı sızma zeytinyağı, bölünmüş
- Tatmak için taze çekilmiş karabiber
- 1/4 çay kaşığı tuz
- 8 su bardağı karışık salata yeşillikleri

TALİMATLAR:
a) Fasulye, ton balığı, dolmalık biber, soğan, maydanoz, kapari, biberiye, 1/4 bardak limon suyu ve 2 yemek kaşığı yağı orta boy bir kapta birleştirin.
b) Biberle tatlandırın.
c) Kalan 1/4 bardak limon suyunu, 2 yemek kaşığı yağı ve tuzu geniş bir kapta birleştirin.
ç) Salata yeşilliklerini ekleyin; ceketine fırlat.
d) Yeşillikleri 4 tabağa bölün ve her birinin üstüne ton balıklı salata ekleyin.

79. Akdeniz ton balığı salatası

İÇİNDEKİLER:
- Zeytinyağlı İtalyan ton balığı (Costco'dan toplu olarak satın alın)
- Yaklaşık bir bardak arpa (zaten pişmiş)
- Üzüm domates (doğranmış)
- kapari
- Siyah buruşuk zeytin (çekirdekleri çıkarılmış ve kabaca doğranmış)
- Bebek roka
- Limon suyu
- Sızma zeytinyağı
- Tuz
- Taze çekilmiş karabiber

TALİMATLAR:
a) Tüm malzemeleri bir kapta karıştırın ve yavaşça karıştırın.
b) Kişisel tercihinize göre her birinden istediğiniz kadar çok veya az ekleyin.
c) Birkaç parça tam buğdaylı gevrek ekmekle servis yapın.

80.Yüklü Nicoise Salatası

İÇİNDEKİLER:
- 1 baş marul, küçük parçalara bölünmüş
- 1 baş Boston veya Bibb marulu
- 2 veya 3 kutu ton balığı, süzülmüş
- 1 kutu enginar kalbi, süzülmüş
- 1 su bardağı üzüm domates
- 6-8 adet temizlenmiş yeşil soğan
- 6-8 küçük yeni kırmızı patates, buharda pişirilmiş, kabukları çıkarılmış halde
- 1 kutu süte batırılmış hamsi filetosu, kurulayın
- 3/4 lb taze yeşil fasulye, beyazlatılmış
- 4 adet sert pişmiş yumurta, dörde bölünmüş
- 2 arpacık soğan, kıyılmış
- 1 diş sarımsak, ezilmiş
- 1,5 çay kaşığı tuz
- Taze çekilmiş karabiber
- 2 yemek kaşığı Dijon hardalı
- 1/3 su bardağı kırmızı şarap sirkesi
- 2/3 su bardağı hafif sızma zeytinyağı
- 3 yemek kaşığı kapari, süzülmüş (garnitür olarak ayrılmış)

TALİMATLAR:

a) Salatayı belirtildiği gibi hazırlayın, fasulyelerin ve yumuşak patateslerin çıtır olmasını sağlayın.

b) Arpacık soğanı, sarımsak, hardal, tuz ve karabiberi sirkeyle çırparak salata sosunu hazırlayın.

c) Çırpmaya devam ederken yavaş yavaş yağı ekleyin.

ç) Pişmiş, ısıtılmış patatesleri 2 yemek kaşığı hazırlanmış sosla karıştırın.

d) Yeşil fasulyeyi az miktarda çorba kaşığı sosla atın.

e) Salatayı hazırlayın, marul, ton balığı, yumurta ve daha fazlasını düzenleyin. Pansumanla gezdirin.

f) Kapari ile süsleyin. Yanında kalan sosla servis yapın.

81.Elma, Kızılcık ve Yumurtalı Ton Balığı Salatası

İÇİNDEKİLER:
- 2 küçük kutu suda büyük ton balığı
- 3 büyük yumurta
- 1 küçük veya 1/2 büyük sarı soğan
- 2 dolu yemek kaşığı tatlı lezzet
- 1 küçük Granny Smith elması
- 3 yemek kaşığı kurutulmuş kızılcık
- 3 yemek kaşığı mayonez
- 1 yemek kaşığı baharatlı veya kahverengi hardal
- Tatmak için biber ve tuz
- 1 yemek kaşığı limon suyu
- 1 çay kaşığı maydanoz gevreği
- 1/4 çay kaşığı kırmızı biber

TALİMATLAR:
a) Yumurtaları 10 dakika kaynatın; soğutun, soyun ve zar atın.
b) Ton balığının suyunu boşaltın.
c) Ton balığını bir karıştırma kabına atın ve tahta kaşıkla parçalayarak büyük parçalar oluşturun.
ç) Elmayı soyun ve çekirdeklerini çıkarın, kaba bir rende üzerinde rendeleyin ve kaseye ekleyin.
d) Soğanı ince ince doğrayıp tencereye ekleyin.
e) Geriye kalan malzemeleri de ekleyip ezmemeye dikkat ederek yavaşça karıştırın.
f) Buzdolabında 10-15 dakika kadar bekletelim.
g) Taze ekmekle veya marul yaprağıyla servis yapın.

82.Izgara Ton Balığı ve Domatesli Makarna Salatası

İÇİNDEKİLER:
- 8 erik domates, yaklaşık 1 1/4 lb. toplam, uzunlamasına yarıya bölünmüş
- 2 yemek kaşığı. artı 1/2 bardak zeytinyağı
- Tatmak için tuz ve taze çekilmiş karabiber
- 1 lb. makarna kabukları
- 2 lb. ton balığı filetosu, her biri yaklaşık 3/4 inç kalınlığında
- 1 bardak gevşek paketlenmiş taze fesleğen yaprağı
- 3 yemek kaşığı. kırmızı şarap sirkesi
- 1 lb. taze mozzarella peyniri, ince doğranmış
- 1/4 bardak doğranmış taze düz yapraklı maydanoz

TALİMATLAR:

a) Fırını 450°F'ye önceden ısıtın. Izgarada sıcak bir ateş hazırlayın.

b) Domatesleri bir fırın tepsisine yerleştirin ve 1 yemek kaşığı ile atın. zeytinyağından. Bunları yanları yukarı bakacak şekilde bir tabakaya yerleştirin ve tuzla baharatlayın. İhale edilene kadar kızartın, yaklaşık 20 dakika. Soğumaya bırakın, ardından çapraz olarak ikiye bölün.

c) Bu arada, dörtte üçü tuzlu suyla dolu büyük bir tencereyi yüksek ateşte kaynatın. Makarnayı ekleyin ve al dente (yumuşak ama ısırılana kadar sert) olana kadar yaklaşık 10 dakika pişirin. Drenaj yapın, soğuk akan suyun altında durulayın ve tekrar boşaltın. Bir kenara koyun.

ç) Ton balığı filetolarının her iki tarafını da 1 yemek kaşığı ile fırçalayın. yağın. Tuz ve karabiberle iyice tatlandırın. Izgara rafına ateşin 4 ila 6 inç yukarısına yerleştirin ve hafifçe kızarana kadar yaklaşık 3 dakika ızgara yapın. Orta dereceli için veya beğeninize göre pişene kadar 3 ila 4 dakika daha çevirin ve pişirin. Bir kesme tahtasına aktarın, soğumaya bırakın ve 3/4 inçlik küpler halinde kesin.

d) Bir mutfak robotu veya blenderde fesleğen yapraklarını ve kalan 1/2 bardak yağı birleştirin. Kaba bir püre haline gelinceye kadar pulslayın veya karıştırın. Sirkeyi ekleyin ve tuz ve karabiberle tatlandırın. Birleştirilene kadar darbeli veya karıştırın.

e) Büyük bir kapta makarnayı, domatesleri ve birikmiş meyve sularını, ton balığını, mozarellayı, maydanozu ve fesleğen sosunu birleştirin.

f) Yavaşça atın ve servis yapın. 8 kişilik.

83.Üç Otlu, Kapari ve Ton Balıklı Penne Salatası

İÇİNDEKİLER:
- 6 onsluk zeytinyağıyla paketlenmiş ton balığı, süzülmüş
- 1-1/2 çay kaşığı tuz
- 1/2 kiloluk penne makarna
- 2 yemek kaşığı taze limon suyu
- 2 yemek kaşığı sızma zeytinyağı
- 1/2 çay kaşığı taze çekilmiş karabiber
- 1/4 bardak doğranmış taze düz yapraklı maydanoz
- 1/4 su bardağı doğranmış taze fesleğen
- 1/4 su bardağı doğranmış taze kişniş
- 2 çay kaşığı kapari, durulanmış ve süzülmüş

TALİMATLAR:
a) Ton balığını küçük bir kaseye koyun, çatal kullanarak pullara bölün ve bir kenara koyun.

b) Kaynatmak için suyla dolu büyük bir tencereyi ısıtın.

c) Penne ve 1 çay kaşığı tuz ekleyin, ardından al dente olana kadar yaklaşık 12 dakika pişirin. Süzüp geniş bir servis kabına aktarın.

ç) Limon suyu, zeytinyağı, kalan tuz ve karabiberi ekleyip karıştırın.

d) Ton balığı, maydanoz, fesleğen, kişniş ve kapari ekleyin ve yavaşça karıştırın.

e) Baharatı tadın ve ayarlayın, ardından üzerini kapatın ve yaklaşık 1 saat soğuması için buzdolabında saklayın.

f) Oda sıcaklığında servis yapın.

84. Fasulye, Kahverengi Pirinç ve Ton Balıklı Salata

İÇİNDEKİLER:

- 1 kutu kırmızı barbunya fasulyesi
- 1 kutu cannellini fasulyesi
- 1 kutu iyi su dolu ton balığı
- 1 1/2 bardak kadar pişmiş al dente kahverengi pirinç, soğutulmuş
- Yarım büyük limonun suyu
- 2 yemek kaşığı doğranmış taze fesleğen
- Tatmak için biber ve tuz

TALİMATLAR:

a) Fasulyeleri süzün ve durulayın, orta boy bir kapta süzülmüş ton balığıyla karıştırın.
b) Pişmiş pirinç ekleyin.
c) Küçük bir tabakta limon suyu, fesleğen, tuz ve karabiberi çırpın.
ç) Üzerine serpin ve karıştırın; fasulyeleri ezmeyin!
d) Ve işin bitti dostum.

85.Ton Balıklı Patates Salatası

İÇİNDEKİLER:
- 5-6 patates
- 1 konserve ton balığı
- 1 bardak mayonez
- 1 yemek kaşığı zeytinyağı
- 2 yemek kaşığı ince doğranmış taze soğan ve maydanoz
- Limon suyu (isteğe bağlı)
- Tatmak için tuz ve karabiber

TALİMATLAR:

a) Patatesleri yıkayıp su ve tuzla pişirin.

b) Haşlanmış patatesleri soyun ve küçük parçalar halinde kesin.

c) Patatesleri bir kaseye koyun ve önceden süzülmüş ton balığını ekleyin.

ç) Tadına göre mayonez, yağ, soğan, maydanoz, limon suyu, tuz ve karabiber ekleyin.

d) Tüm malzemeleri iyice karıştırın, kaseyi streç filmle örtün ve servis yapana kadar buzdolabında saklayın.

86. Eski Usul Ton Balığı Salatası

İÇİNDEKİLER:
- 1 12 oz konserve hafif ton balığı; soğutulmuş, iyi süzülmüş
- 1/4 bardak ince doğranmış kereviz
- 2 yemek kaşığı ince kıyılmış soğan
- 1 yemek kaşığı ince doğranmış soğan
- 2 yemek kaşığı ince doğranmış ekmek ve tereyağı turşusu
- 1 yemek kaşığı ince doğranmış tatlı kornişon
- 1 ince kıyılmış haşlanmış yumurta
- 3 yemek kaşığı mayonez
- 1/3 çay kaşığı kaba öğütülmüş hardal
- 1 yemek kaşığı ekmek ve tereyağı turşu suyu
- 1 çay kaşığı taze limon suyu
- 1/4 çay kaşığı kereviz tuzu
- 1/8 çay kaşığı taze çekilmiş karabiber
- 1/8 çay kaşığı kurutulmuş kekik yaprağı

TALİMATLAR:
a) Ton balığındaki parçaları iyice boşaltın ve pul pul dökün.
b) Kerevizi, yeşil soğanı, soğanı, ekmek ve tereyağlı turşuyu ve tatlı kornişonları iyice karışana kadar küp küp doğrayın ve birleştirin.
c) Sebze karışımını kuşbaşı ton balığıyla karıştırın.
ç) Küp küp doğranmış haşlanmış yumurtayı ekleyin ve tüm katkı maddeleri eşit şekilde dağılıncaya kadar karışımı karıştırın.
d) Geriye kalan tüm sos malzemelerini bir kapta birleştirin. Baharatları tadın ve ayarlayın.
e) Salata iyice karışıp homojen hale gelinceye kadar sosu ton balığının içine yavaşça katlayın.
f) Salatalarda veya sandviçlerde kullanıma hazır olana kadar sıkıca kapalı olarak buzdolabında saklayın.

87. Enginar, Bezelye ve Ton Balıklı Risotto Pirinç Salatası

İÇİNDEKİLER:
- 1 bardak DeLallo Arborio Pirinci
- 1 kutu (5,6 ons) zeytinyağıyla paketlenmiş ithal İtalyan ton balığı, yağı ayırın
- 1 (12 ons) kavanoz DeLallo Marine Edilmiş Enginar Kalbi, dörde bölünmüş (sıvıyı ayırın)
- 6 ons dondurulmuş yeşil bezelye, çözülmüş
- 1 limon kabuğu rendesi ve
- 2 yemek kaşığı kıyılmış fesleğen
- Tuz ve biber

TALİMATLAR:

a) Büyük bir tencerede tuzlu suyu kaynatın, ardından risottoyu ekleyin. Pirinci al dente kıvamına gelinceye kadar karıştırın ve yaklaşık 12 dakika pişirin.

b) Pirinci bir kevgir içine boşaltın ve fazla nişastayı çıkarmak için soğuk suyla durulayın. Çok iyi süzün ve soğumaya bırakın.

c) Soğuduktan sonra risottoyu geniş bir karıştırma kabına koyun. Ton balığı, enginar ve bezelyeyi karıştırın. Sosu oluşturmak için ton balığının yağını ve enginarın marinesini eklediğinizden emin olun.

ç) Limon kabuğu rendesini ve taze fesleğenle karıştırın. Tatmak için biber ve tuz.

d) Soğuk servis yapın.

88. Tatlı N Cevizli Ton Balıklı Salata

İÇİNDEKİLER:
- 2 yemek kaşığı kıyılmış ceviz, ceviz veya badem
- 10 adet kırmızı çekirdeksiz üzüm, dörde bölünmüş
- 2 yemek kaşığı doğranmış kırmızı soğan
- 1 konserve ton balığı
- 1/2 bardak Mucize Kırbaç veya mayonez

TALİMATLAR:
a) Tüm malzemeleri birleştirin ve tadını çıkarın!

89.Ton balıklı Mac salatası

İÇİNDEKİLER:
- 7 oz dirsek mac, pişmiş, süzülmüş
- 1/2 su bardağı doğranmış kereviz
- 1/4 bardak doğranmış soğan
- 1/4 bardak doğranmış yeşil biber
- 1-1/2 su bardağı dondurulmuş karışık bezelye ve havuç, çözülmüş
- 1 yemek kaşığı dereotu turşu suyu
- 1-1/2 çay kaşığı tuz
- 1-6-1/2 oz konserve ton balığı, süzülmüş ve pul pul dökülmüş
- 3/4 bardak sandviç tarzı salata sosu

TALİMATLAR:
a) Sosu kasede karıştırın, ardından geri kalanını ekleyin ve fırlatın.

90. Tangy N Tart Ton Balıklı Salata

İÇİNDEKİLER:
- Suya paketlenmiş, süzülmüş 3 ons ton balığı
- 1 yemek kaşığı kurutulmuş şekerli kızılcık
- 1/4 kereviz kaburgası, ince doğranmış
- 2 yemek kaşığı yağsız Mucize Kırbaç
- 1/2 çay kaşığı karabiber
- 1 çay kaşığı hazır hardal

TALİMATLAR:
a) Tüm malzemeleri bir kapta birleştirin, iyice birleşene kadar karıştırın.
b) Makarnanın üzerinde, pidede, salatada veya dürümde servis yapın!

91.Az Yağlı İtalyan Ton Balıklı Salata

İÇİNDEKİLER:
- 1 kutu 5 ons parça hafif ton balığı, süzülmüş
- 1 yemek kaşığı balzamik sirke (damak tadınıza göre ayarlayın)
- 1 çay kaşığı taze limon suyu
- 1 çay kaşığı limon kabuğu rendesi
- 1 yemek kaşığı kapari
- Tatmak için biber ve tuz
- 1 su bardağı marul, daha küçük parçalara bölünmüş
- 1/2 orta boy domates, ikiye kesilmiş ve dilimlenmiş
- 1/2 orta boy salatalık, soyulmuş, dilimlenmiş ve tekrar ikiye bölünmüş

TALİMATLAR:

a) Ton balığını ve sonraki beş malzemeyi karıştırın.

b) Ton balığı salatasını marul, domates ve salatalıkların üzerine kaşıkla dökün.

c) Tüm malzemeleri hafifçe atıp servis yapın.

92.Ton Balıklı Ispanak Salatası

İÇİNDEKİLER:
- 1 kutu beyaz ton balığı
- 1 torba taze ıspanak yaprağı
- 1 kutu tatlı mısır
- Beyaz peynir (kaşar peyniri ile değiştirilebilir)
- 2 adet taze domates (veya bir tepsi kiraz domates)
- Zeytin yağı
- Sirke
- Tuz biber

TALİMATLAR:
a) Ispanak yapraklarını yıkayıp büyük bir kaseye koyun.
b) Ton balığını ve tatlı mısırı (sıvıları alınmış) ekleyin.
c) Küp küp kesilmiş peynirleri ve dörde bölünmüş domatesleri (çeri domates ise ikiye bölün) ekleyin.
ç) Tuz, sirke ve zeytinyağı ekleyin (mutlaka bu sırayla).
d) İsterseniz biber ekleyin.
e) Ayrıca çok Akdeniz tarzı olan kuru üzüm ve avokado da ekleyebilirsiniz.

93.Ton Balıklı Biber Makarna Salatası

İÇİNDEKİLER:

- 2 yemek kaşığı yağsız sade yoğurt
- 2 yemek kaşığı doğranmış taze fesleğen
- 2 yemek kaşığı su
- 1 1/2 çay kaşığı limon suyu
- 1 diş sarımsak, kıyılmış
- Taze çekilmiş karabiber (tadına göre)
- 2/3 bardak kavrulmuş kırmızı biber, doğranmış ve bölünmüş
- 1/2 su bardağı ince doğranmış kırmızı soğan
- 4 ons parça hafif ton balığı suda, süzülmüş
- 4 oz. brokoli çiçeği, gevrekleşene kadar buharda pişirilir ve şoklanır
- 6 ons tam buğdaylı penne, pişirilmiş ve süzülmüş

TALİMATLAR:

a) Yoğurt, fesleğen, su, limon suyu, sarımsak, tuz, karabiber ve kalan 1/3 bardak kırmızı biberleri bir karıştırıcıda birleştirin ve pürüzsüz hale gelinceye kadar püre haline getirin.

b) Büyük bir kapta kalan biberleri, soğanı, ton balığını, brokoliyi ve makarnayı bir araya getirin.

c) Biber sosunu ekleyin ve karıştırmak için iyice karıştırın. Servis yapmadan önce soğutun.

94.Ton Balıklı Elma Salatası

İÇİNDEKİLER:
- İyi drenajlı suda 6 onsluk ton balığı konservesi
- 1 orta boy Granny Smith elması, çekirdeği çıkarılmış, soyulmuş ve çok küçük parçalar halinde doğranmış
- 1/4 bardak dereotu turşu çeşnisi
- 1/8 çay kaşığı tuz
- 8 ons sade yoğurt

TALİMATLAR:
a) Tüm malzemeleri birleştirin, ardından 2 saat soğutun.
b) Yeşillikler üzerinde servis yapın.

95.Ton Balıklı Avokado ve 4 Fasulyeli Makarna Salatası

İÇİNDEKİLER:

- 400g konserve ton balığı, süzülmüş
- 300g kutu 4 fasulye karışımı, süzülmüş
- 1 orta boy domates, doğranmış
- 1 avokado, çekirdeği çıkarılmış, soyulmuş ve kabaca doğranmış
- 100 gr makarna, pişmemiş
- 1 küçük kırmızı soğan, ince doğranmış (isteğe bağlı)

TALİMATLAR:

a) Bir tencerede makarnayı paketin üzerindeki talimatlara göre yumuşayana kadar pişirin. Makarnayı süzün ve bir kenara koyun.

b) Bu arada tüm sebzeleri hazırlayın, ardından geniş bir salata kasesine alın, tüm malzemeleri iyice birleştirip makarnayı ekleyin. Karıştırın.

c) Salatayı beğeninize göre tuzlayıp karabiberleyin ve en kısa sürede servis yapın.

96.Ton Balıklı Orzo Salatası

İÇİNDEKİLER:
- 3 su bardağı tavuk suyu
- 1 bardak orzo
- 1/4 su bardağı kırmızı şarap sirkesi
- Tatmak için biber ve tuz
- 2 (6 oz) kutu zeytinyağıyla paketlenmiş ton balığı, süzülmüş ve yağı ayrılmış
- 1 (15 oz) konserve nohut, süzülmüş
- 1 su bardağı üzüm domates, ikiye bölünmüş
- 1 sarı veya kırmızı dolmalık biber, doğranmış
- Yarım kırmızı soğan, ince doğranmış
- 1/2 su bardağı taze fesleğen, doğranmış
- 1/2 su bardağı ufalanmış beyaz peynir

TALİMATLAR:

a) Tavuk suyunu bir tencerede kaynatın ve orzoyu ekleyin. Al dente'ye kadar pişirin, ardından süzün ve biraz soğumaya bırakın.

b) Büyük bir kapta kırmızı şarap sirkesini tuz ve karabiberle tatlandırın. Tuz eriyene kadar karıştırın.

c) Ton balığının ayrılmış yağını çırpın, ardından pişmiş orzoyu ekleyin ve karıştırın.

ç) Orzo karışımına nohut, üzüm domates, dolmalık biber, kırmızı soğan ve fesleğen ekleyin.

d) Ton balığını parçalayın ve ufalanmış beyaz peynirle birlikte salataya ekleyin. Birleştirmek için yavaşça atın.

e) Ton balıklı orzo salatasını servis edin ve hafif bir çiseleyen balzamik sirke eklemeyi düşünün.

97.Ton Balıklı Domates ve Avokado Salatası

İÇİNDEKİLER:
- 2 (6 ons) kutu ton balığı
- 1 domates, çekirdeği çıkarılmış ve doğranmış
- 2 avokado, 1 doğranmış, 1 püre
- 1 diş sarımsak
- 1 yemek kaşığı beyaz şarap sirkesi
- Bir tutam acı biber
- Bir tutam tuz
- Bir tutam karabiber

TALİMATLAR:

a) Bir avokadoyu sarımsak, sirke, kırmızı biber, tuz ve karabiberle püre haline getirin.

b) Ton balığını boşaltın ve püre, doğranmış domates ve diğer doğranmış avokadoyla birlikte atın.

98.Elmalı Ton Balıklı Waldorf Salatası

İÇİNDEKİLER:

- 1 kutu (5 oz) suda beyaz ton balığı
- 1/4 büyük armut (veya elma)
- 1/4 bardak (1 oz) kıyılmış ceviz, çiğ (tercih ederseniz kızartılmış)
- 1/4 bardak kırmızı soğan, doğranmış
- 2 yemek kaşığı az yağlı mayonez
- 1 yemek kaşığı limon suyu
- Servis için 2 marul yaprağı

TALİMATLAR:

a) Ton balığını boşaltın.
b) Soğanı, armudu (veya elmayı) ve cevizi doğrayın.
c) Mayonez ve limon suyunu karıştırın.
ç) Tüm malzemeleri bir kapta birleştirin ve iyice karıştırın.
d) Salatayı servis yapmadan önce soğutun ve marul yaprağı üzerinde servis yapın.

99.Pestolu Ton Balıklı Nohut Salatası

İÇİNDEKİLER:

- 2 kutu (her biri 15,5 ons) nohut, kabaca doğranmış
- 1 kavanoz (12 ons) kavrulmuş kırmızı biber, süzülmüş ve ince dilimlenmiş
- 24 adet siyah zeytin, çekirdekleri çıkarılmış ve kabaca doğranmış
- 2 sap kereviz, kalın dilimlenmiş
- 3 kutu (her biri 6 oz) ton balığı, süzülmüş
- 5 yemek kaşığı mağazadan satın alınan pesto
- 1/2 çay kaşığı koşer tuzu
- 1/4 çay kaşığı karabiber

TALİMATLAR:

a) Büyük bir kapta nohut, kırmızı biber, zeytin, kereviz, ton balığı, pesto, tuz ve karabiberi birleştirin.

b) Malzemeleri birlikte atın. Bu kadar!

100.Ziti Ton Balıklı Salata

İÇİNDEKİLER:
- 3/4 lb ziti veya diğer makarna
- 1 kutu ton balığı, süzülmüş ve püre haline getirilmiş
- İsteğe göre yeşil ve siyah zeytin
- 1 kırmızı dolmalık biber, doğranmış
- 4 yemek kaşığı zeytinyağı
- 1 yemek kaşığı beyaz sirke
- 2 adet haşlanmış yumurta, dörde bölünmüş
- 1 büyük domates, dilimlenmiş

TALİMATLAR:
a) Makarnayı haşlayıp süzün ve soğutun.
b) Ton balığı, zeytin ve kırmızı biberi karıştırın.
c) Makarnayı karıştırın ve yağ ve sirke ekleyin.
ç) Yumurta ve domatesle birlikte bir tabağa koyun.

ÇÖZÜM

"En İyi Ton Balığı Salataları" ile leziz yolculuğumuzu tamamlarken, basit bir yemeği bir mutfak şaheserine dönüştürmenin mutluluğunu yaşadığınızı umuyoruz. Bu sayfalardaki her tarif, yüksek kaliteli ton balığı ve mutfaktaki hayal gücünün bir dokunuşuyla elde edilebilecek çok yönlülüğün, yaratıcılığın ve lezzetin bir kutlamasıdır.

İster Akdeniz esintili kreasyonların tadına varın, ister Uzak Doğu'nun lezzetlerine kendinizi kaptırın, ister doyurucu ve protein dolu çeşitleri benimsemiş olun, bu 100 tarifin ton balıklı salata alanında gözlerinizi olasılıklar dünyasına açtığına inanıyoruz. . Malzemelerin ve tekniklerin ötesinde, zengin ton balıklı salata konsepti bir ilham kaynağı haline gelebilir ve mutfağınızı yaratıcı ve lezzetli kreasyonlarla dolu bir merkez haline getirebilir.

Ton balığı salatasının çeşitli dünyasını keşfetmeye devam ederken, "EN İYİ TONBA SALATALARI", sofranıza heyecan ve lezzet getiren çeşitli olağanüstü seçenekler konusunda size yol gösterecek güvenilir arkadaşınız olsun. Ton balıklı salata sanatını yeniden tanımlamak ve zevklerinizi ve mutfak deneyimlerinizi yükselten 100 olağanüstü yaratımın tadını çıkarmak için buradayız!

www.ingramcontent.com/pod-product-compliance
Lightning Source LLC
Chambersburg PA
CBHW071852110526
44591CB00011B/1381